MANUEL

D'OEUVRES

Religieuses, Professionnelles, Économiques et Sociales

PAR

L'abbé GUSTAVE *CHAPELLE*

MISSIONNAIRE APOSTOLIQUE

CHANOINE HONORAIRE DE LA CATHÉDRALE DE MENDE

DIRECTEUR DIOCÉSAIN DES ŒUVRES OUVRIÈRES

A. M. P. I.

MENDE
IMPRIMERIE TYPOGRAPHIQUE C. PAUC

1894

MANUEL D'ŒUVRES

MANUEL

D'ŒUVRES

Religieuses, Professionnelles, Économiques et Sociales

PAR

L'abbé GUSTAVE *CHAPELLE*

MISSIONNAIRE APOSTOLIQUE

CHANOINE HONORAIRE DE LA CATHÉDRALE DE MENDE

DIRECTEUR DIOCÉSAIN DES ŒUVRES OUVRIÈRES

A. M. P. I.

MENDE

IMPRIMERIE TYPOGRAPHIQUE C. PAUC

1894

APPROBATIONS

Mende, 4 décembre 1893.

Mon cher chanoine,

J'ai lu avec attention et intérêt votre *Manuel d'Œuvres*. Il m'a paru écrit avec une véritable compétence, en même temps qu'avec une sobriété appréciable. Ce Manuel sera très utile à tous les prêtres qui exercent leur ministère soit dans les villes, soit dans les campagnes. Les fidèles y trouveront aussi de précieux renseignements. Partout où ces Œuvres sont possibles, elles sont indispensables aujourd'hui.

Votre très affectionné.

† NARCISSE,
Evêque de Mende.

Rodez, 19 janvier 1894.

Cher Monsieur l'Abbé,

J'ai parcouru avec le plus vif intérêt votre *Manuel d'Œuvres religieuses, professionnelles, économiques et sociales*, et je vous remercie de me l'avoir envoyé. Il me sera utile pour ma propre instruction et la direction à donner à ces diverses œuvres, dont notre état social actuel réclame la pratique journalière. Vous connaissez parfaitement les questions que vous traitez, et vous donnez des renseignements sur la manière d'organiser ces associations de tout nom et de toute nature aussi bien que pour les faire fonctionner, qui seront très appréciés de ceux qui ont la générosité de se mettre à leur tête.

Je vous sais gré en particulier de vous être occupé des œuvres qui peuvent le mieux convenir aux classes rurales. Elles sont trop abandonnées par la sollicitude des promoteurs du mouvement ouvrier, qui, à la suite surtout de l'Encyclique du Souverain Pontife *Rerum novarum*, s'est singulièrement développé dans le monde catholique. L'ouvrier des villes et des grands chantiers de l'industrie absorbe tout, et semble attirer les regards de la philanthropie et même de la charité chrétienne, alors que l'ouvrier campagnard et le pauvre petit paysan, si méritants d'ailleurs, n'obtiennent qu'une sympathie à peu près platonique. Est-ce parce qu'ils sont plus sages et moins turbulents ? Je ne sais ; mais on ne peut disconvenir qu'ils ne soient beaucoup trop négligés.

Parmi les confréries dont vous entretenez vos lecteurs, vous en signalez une qui a fait une grande impression sur ma jeunesse : c'est la Confrérie des Pénitents blancs, si florissante autrefois dans tout notre Midi, et en honneur encore dans quelques-unes de nos localités lozériennes et aveyronnaises. Que ne les relève-t-on partout où cela serait possible et que ne leur fait-on reprendre, le Jeudi-Saint, cette émouvante procession des mystères de la Passion, qui, en mettant sous les yeux du peuple les souffrances de l'Homme-Dieu, en gravait profondément la sainte mémoire dans son cœur.

Veuillez me croire, cher Abbé, votre bien dévoué en N.-S.

† Ernest, Cardinal Bourret.
Év. de Rodez.

Nîmes, 13 décembre 1893.

Monsieur le Chanoine,

L'expérience et les connaissances que vous avez acquises soit à Marseille, sous la conduite de M. Timon-David, soit dans le diocèse de Mende, vous ont servi à composer le *Manuel* que vous voulez bien m'offrir aujourd'hui.

Je l'ai parcouru avec une grande attention et je me suis convaincu qu'il renferme, en quelques pages, sous une forme nette et concise, tout ce qu'il est utile de connaître aux personnes qui dirigent ou qui créent des œuvres religieuses, professionnelles, économiques et sociales.

Aussi, n'hésité-je pas à joindre mon approbation à celle que vous a accordée mon vénérable collègue et ami, Monseigneur l'Évêque de Mende. Sa compétence reconnue serait au besoin une garantie de la vôtre. Pour mon propre compte, je pourrai, en bien des cas, m'éclairer de vos lumières et m'instruire, à l'aide de votre travail, sur la pratique des Œuvres, afin de les mettre en harmonie avec la législation actuelle, dont vous exposez sommairement les dispositions les plus utiles.

Je suis persuadé, Monsieur le Chanoine, que beaucoup de nos prêtres zélés, hommes d'œuvres et d'action, auront tout intérêt à se faire vos disciples et à profiter de vos conseils.

Veuillez recevoir, Monsieur le Chanoine, l'hommage de mes sentiments les plus affectueux en Notre-Seigneur.

† JEAN ALFRED,
Évêque de Nîmes, Uzès et Alais.

PRÉFACE

Les hommes désertent nos églises, les traditions religieuses s'affaiblissent dans les familles, le clergé, déconsidéré par des attaques incessantes, perd tous les jours de son influence, telle est la constatation attristée que l'on surprend sur les lèvres des prêtres et des laïques chrétiens. Pourtant le clergé d'aujourd'hui accomplit les mêmes œuvres de ministère que ses pères dans le sacerdoce. Il catéchise, il prêche, il administre les sacrements, il visite les malades, avec le même soin et le même zèle. Pourquoi en employant les mêmes moyens n'obtient-il plus le même succès et se voit-il impuissant à empêcher cette décadence religieuse qui nous ramène à grands pas vers le paganisme ? C'est que le genre de ministère qui suffisait autrefois, ne suffit pas aujourd'hui.

Le venin de l'indifférence ou de l'impiété ne s'infiltre plus goutte à goutte dans l'esprit de nos populations. Le mauvais journal, l'école athée, l'hostilité des pouvoirs publics, l'activité des sectes maçonniques, le font couler à flots, pour ébranler la foi et emporter les habitudes chrétiennes. Les ravages que tous ces moyens de destruction combinés ont opéré dans les âmes, prouvent hélas ! avec trop d'éloquence, que nous ne devons plus, nous immobiliser dans nos procédés de défense religieuse.

« Le prêtre qui a charge d'âmes, disait récemment,
« l'illustre cardinal Langénieux, ne peut plus se con-

« tenter d'exercer autour de lui son ministère, il doit « se livrer à l'apostolat dans le sens le plus rigoureux « du mot.

« Eh bien, l'apostolat dans le ministère c'est pour « une grande part ce que nous appelons les œuvres, « c'est-à-dire, cette forme spéciale d'action nécessitée « par la force des choses et plus adaptée aux difficultés « des temps, que l'expérience a consacrée par de fé- « conds résultats.

« Les Œuvres, c'est l'effort désespéré du Pasteur, « qui fait appel à toutes les ressources de son zèle et « de son intelligence, pour sortir, malgré tout, du cer- « cle d'impuissance où l'on veut l'enfermer, pour se « frayer du côté des âmes, des voies nouvelles à mesure « que se ferment les anciennes, pour lutter pied à pied « contre le mal, conjurer tous les dangers, parer tous « les coups portés et panser toutes les blessures reçues ; « faire des œuvres enfin, c'est tendre la main à toutes « les bonnes volontés, recruter des auxiliaires parmi « les fidèles et assurer au ministère du prêtre le con- « cours régulier des laïques. »

Cette transformation du mode d'apostolat est une nécessité pour tous les pays. Le sentiment du cardinal Langénieux se reflète dans ces paroles de Monseigneur Ireland, Archevêque d'Amérique : « A aucune époque, des changements si vastes et si profonds n'ont eu lieu ; les conditions sociales et politiques se transforment complètement. L'Église, tout en continuant de remplir sa mission, doit adapter sa manière d'agir aux circonstances ; elle navigue sur le même océan qui l'a portée depuis son départ de Palestine, mais de nouveaux vents troublent les eaux ; il faut donc modifier la manœuvre du gouvernail et la voilure. Il existe un désaccord entre le siècle et la religion ; le premier enflé de ses progrès scientifiques et industriels, tend à la négation du surnaturel ; bien des ministres de la seconde en tant qu'hommes, ont été trop lents à comprendre leur époque, à lui tendre une main amie. Ils ne sont pas sans excuses, car beaucoup des mouvements qui se sont dessinés en ce siècle, ont été révolutionnaires, impies, anarchistes.

« Cette réserve faite, il faut reconnaître qu'on a agi trop timidement. Certains ont vu et anathématisé les vices de notre temps, ignoré et nié ses nobles tendances. Il est devenu pour eux le monde des ténèbres, et la tâche de le gagner au Christ leur a semblé une vaine espérance, qui ne pouvait se réaliser que par un miracle. Et en attendant ce prodige, ils se sont retirés dans les sacristies et dans les sanctuaires, où entourés d'un petit nombre de fidèles, ils pouvaient se garder, eux et leurs amis, de la contagion envahissante. Et le siècle, abandonné à lui-même, s'est éloigné de plus en plus de l'Eglise ; le devoir *du prêtre est de combler le fossé qui les sépare.* »

Devant cette nécessité qui s'impose de fonder des œuvres, nous avons cru qu'un Manuel pourrait rendre quelques services et faire quelque bien. Si tous conviennent du besoin des œuvres, la plupart hésitent à les entreprendre, par la crainte que leur inexpérience ne les conduise à un insuccès ou que des mesures administratives, n'arrêtent les efforts de leur zèle.

Un Manuel qui indique la nature des diverses œuvres que l'on peut établir, les moyens à prendre pour les fonder et les diriger, les conditions de légalité moyennant lesquelles on se mettra à l'abri de toute tracasserie, sera assurément un guide utile. En signalant les avantages des confréries et des syndicats, il sera aussi, pour ceux qui le liront, un stimulant à devenir membres de ces associations.

Pour la composition de cet ouvrage, nous nous sommes inspiré de l'expérience d'un homme d'œuvres, le vénéré Timon-David, qui consacra sa grande fortune, sa haute intelligence et son zèle infatigable aux œuvres ouvrières. Pendant toute une année, nous avons eu le bonheur d'être son disciple et d'être mêlé de la manière la plus intime au fonctionnement de ses œuvres.

Nous avons aussi glané des renseignements précieux dans les brochures, journaux, recueils des lois et autres livres relatifs aux associations. On trouvera ainsi condensées dans un même ouvrage des indications éparses dans maintes publications.

Nous nous sommes enfin permis de joindre des réflexions personnelles, que nous ont suggérées notre ministère et les congrès auxquels nous avons assisté.

Ce Manuel, écrit avec l'approbation et les encouragements de notre vénérable Évêque, nous le déposons aux pieds du SACRÉ-CŒUR, pour qu'il daigne le bénir et le faire contribuer pour sa modeste part à la restauration de son règne sur la France.

PREMIÈRE PARTIE

DES ASSOCIATIONS CHRÉTIENNES EN GÉNÉRAL

CHAPITRE Ier

Nature de l'Association.

L'association est une agrégation d'hommes qui mettent en commun leurs forces individuelles et se réunissent en vue d'atteindre une fin commune et déterminée (1).

L'élément nécessaire à toute association, c'est une agrégation d'êtres intelligents, libres et par conséquent responsables. Il faut de plus un accord moral pour un même objet, une fin commune. A quoi servirait, à quoi aboutirait l'union morale d'êtres intelligents réunis ensemble? Quelle serait sa raison d'être, si une fin commune et déterminée ne leur était proposée?

Commune, car les hommes ne s'associent pas pour un bien qui leur serait exclusivement personnel et qu'ils pourraient se procurer sans le secours d'autrui.

Déterminée : il ne suffit pas, en effet, que la Communauté tout entière tende à une fin quelconque, il faut que cette fin soit *connue*, et l'on ne saurait admettre qu'elle demeure incertaine et cachée au point que les membres de l'association ignorent le vrai but à poursuivre par eux, dans l'association dont ils font partie.

C'est dans l'absence de cette dernière condition que nous trouvons un motif de condamner toutes les *sociétés secrètes* et en particulier la franc-maçonnerie. Association née dans le mystère et dont les principaux chefs s'engagent sous la foi du serment, à garder d'une manière inviolable,

(1) Tarquini: *Les principes du droit public de l'Eglise*, § 6: Taparelli: *Du droit naturel*, n° 303 et suivants.

le secret de leur existence intérieure, non seulement auprès des étrangers, mais à l'égard des membres eux-mêmes de la société.

Pourquoi cacher ainsi son programme? *Qui male agit odit lucem.* On pourrait dire aux organisateurs et aux membres des sociétés occultes : Vous vous cachez, donc vous faites le mal. L'histoire à la main, il serait facile de prouver la triste vérité de cette assertion, en ce qui concerne la *franc-maçonnerie.* Société clandestine, dirigée par les Juifs, ennemis irréconciliables de Jésus-Christ et de son Eglise, dont ils ont juré l'anéantissement.

Afin de se ménager la sympathie et la protection des puissants, comme aussi pour favoriser leur recrutement, ils déclarent que leur société ne poursuit que l'amélioration du sort matériel et moral de l'humanité ; mais ce n'est là qu'un mensonge.

Le but suprême, la fin dernière que se proposent les francs-maçons, c'est l'indépendance absolue des hommes et des peuples, par la destruction de l'ordre religieux et moral, de l'ordre domestique et public (1).

Au 10 mars 1848, Lamartine fit la déclaration suivante à l'Hôtel-de-Ville de Paris : « J'ai la « conviction que c'est du sein de la franc-maçon« nerie qu'ont jailli les grandes idées qui ont jeté « le fondement de la révolution de 1789, de 1830 « et 1848. » (2).

C'est pour assurer la durée de leur victoire de 1789, que ces sectaires s'empressèrent de détruire de leurs mains brutales toutes les associa-

---

(1) Louis Blanc : *Histoire de la Révolution française.*

(2) Pour de plus longs détails, voir *la Franc-maçonnerie dans sa véritable signification ou son organisation, son but et son histoire*, par Ed. Eckert, avocat à Dresde.

tions religieuses (1). Ils nous arrachaient cette arme puissante, mais eux-mêmes l'employaient contre nous. Et à l'heure actuelle, ils forment une armée parfaitement disciplinée, rangée en bataille et montant à l'assaut de toutes nos libertés.

AVANTAGES DES ASSOCIATIONS CHRÉTIENNES

Tandis que nos ennemis sont si puissamment et si habilement groupés contre nous, *l'individualisme* nous énerve, nous décime et nous détruira, si nous ne le supprimons: en organisant les forces catholiques par la création d'*Associations chrétiennes.*

Ce qui différencie essentiellement une société d'une autre, ce qui lui donne un caractère propre, c'est le but qu'elle se propose de poursuivre et pour lequel elle est fondée.

Une association peut être: économique, professionnelle, morale ou religieuse, selon qu'elle se propose d'assurer d'une manière spéciale l'un ou l'autre de ces divers intérêts (2).

Elle peut même les embrasser tous à la fois comme par exemple dans la corporation, dont nous parlerons dans un chapitre spécial.

L'association chrétienne dont il s'agit peut être définie : *Une réunion des chrétiens d'élite d'une paroisse, qui se groupent librement dans le but spécial de travailler à leur sanctification et à celle de leur prochain, par des exercices de piété et de zèle.*

Les tiers-ordres, les confréries, les congrégations,

---

(1) Assemblée constituante, loi du 2-17 mars 1791.

(2) Evidemment, il n'est question que des sociétés volontaires et secondaires, notre but n'étant pas de parler des sociétés primordiales, telles que la famille, la nation, ou le christianisme, qui étend sur toutes son action bienfaisante. Nous ne traiterons pas non plus des instituts et des ordres religieux.

les corporations, les cercles catholiques, les œuvres de jeunesse sont des associations chrétiennes. Rien ne s'oppose à ce qu'elles soient dotées pour atteindre plus facilement leur but d'*œuvres économiques* appropriées aux besoins et à la situation de leurs membres, tout en leur conservant le cachet absolument chrétien.

Ce mode de groupement nous paraît être l'un des moyens les plus sûrs et les plus puissants de former de bons catholiques et de les multiplier. Associés, ils pourront offrir une plus grande force de résistance à nos adversaires et organiser un état social chrétien.

Les avantages de ces associations sont nombreux, nous allons les considérer avec quelques détails.

§ Ier

Avantages pour les individus.

L'association favorise la pratique du bien.

— L'homme isolé est faible, sans énergie, il n'ose se mettre en avant dans le chemin de la vertu, par la crainte de n'y être pas suivi et soutenu. Il ne peut résister que difficilement à l'association réelle quoique tacite des mauvais.

Dans l'association, l'assurance de n'être point seul dans le chemin du devoir, la lumière des exemples, l'éclat des vertus des autres membres, centuplent sa force, lui donnent du courage et le font triompher du respect humain. C'est la mise en faisceaux de bonnes volontés qui, isolées, auraient succombé ou seraient restées stériles.

Les coutumes chrétiennes maintenues dans l'association, par l'usage et la tradition, peuvent aider l'associé dans l'accomplissement de ses devoirs. Il y sera excité par les instructions spéciales sur les devoirs particuliers de son état, instructions qui lui seront plus profitables que les prédications générales.

Enfin, il sera soutenu par la protection des confrères qui l'auront précédé dans le ciel. Ceux-ci veilleront sur lui et imploreront en sa faveur les grâces célestes. L'Esprit-Saint ne dit-il pas que le frère soutenu par le frère est comme une cité inexpugnable? « *Frater qui adjuvatur a fratre, quasi civitas firma.* » (1).

Certaines personnes ne veulent point quitter le monde pour embrasser la vie religieuse, elles ne veulent point s'engager par des vœux, s'enfermer dans les murs d'une communauté. L'association chrétienne résout le problème. Le confrère restera au milieu de ses parents, appartiendra à ses amis, pourra se livrer aux affaires et cependant s'attacher d'une manière spéciale à la vertu et à l'édification du prochain.

L'association facilite le relèvement après la chute.

— *Væ soli!* Malheur à celui qui est seul! lisons-nous dans les Saintes Ecritures. Parce que, s'il vient à tomber, il n'aura personne pour lui tendre la main et l'aider à se relever (2).

Combien d'âmes, égarées dans les sentiers du vice, marcheraient dans la voie royale de la vertu si, après un premier faux pas, une main charitable s'était présentée pour les relever, les diriger et les conduire! Cette main amie vous est toujours offerte dans l'association par ceux qui sont préposés à sa direction. La prudence du vieillard viendra en aide à l'inexpérience du jeune homme.

L'association donne à la prière une plus grande efficacité.

---

(1) Prov. XVIII, 19. — (2) Eccles. IV, 10.

Notre-Seigneur Jésus-Christ ne nous en a-t-il pas donné l'assurance par ces paroles : « Je vous dis encore que si deux d'entre vous s'unissent ensemble sur la terre, quelque chose qu'ils demandent, elle leur sera accordée par mon Père qui est dans les cieux.

Car en quelque lieu que se trouvent deux personnes, assemblées en mon nom, je suis au milieu d'elles.

Iterum dico vobis quia si duo ex vobis consenserint super terram, de omni re, quamcumque petierint, fiet illis a Patre meo, qui in cœlis est.

Ubi enim sunt duo vel tres congregati in nomine meo, ibi sum in medio eorum (S. Math. XVIII, 19, 20).

L'association assure des secours pendant la vie et aussi après la mort.

— Le confrère participe aux trésors des mérites des bonnes œuvres des autres membres de la société.

Il n'a plus à redouter l'isolement ou l'abandon. Dieu le frappe-t-il dans ses affections les plus chères ? Il trouve des amis auprès de lui pour remplacer ceux que la mort lui a ravis. Les épreuves, les infortunes, les maladies fondent-elles sur lui ? Les sociétaires s'informent de tout ce qui peut l'intéresser, ils lui apporteront des paroles d'encouragement, en même temps que les secours de la caisse commune. Dans certaines sociétés, il aura droit : au médecin, aux médicaments ou à d'autres indemnités.

Au moment de son agonie, les confrères entoureront sa couche, soutiendront sa foi, ranimeront sa charité, relèveront son espérance.

Quoique pauvre, l'associé aura toujours de la pompe dans ses funérailles. Peut-être n'a-t-il plus de parents en ce monde, mais sa famille adoptive est nombreuse. Ses frères adoptifs porteront sa dépouille mortelle jusqu'à sa dernière demeure. Leur charité ira plus loin. ils donneront des regrets à sa mémoire, assureront autant qu'il sera en leur pouvoir l'exécution de ses dernières volontés et leurs prières le suivront au-delà de la tombe.

§ 2.

Avantages des Associations pour la famille et la société.

Le but des associations est de former les hommes à l'imitation de Jésus-Christ, à l'amour de l'Eglise et à la pratique des vertus chrétiennes. Or qui pourrait révoquer en doute la salutaire influence qu'exerceront dans leur famille et sur la société ce groupe d'hommes d'élite qui prient, combattent pour la vertu, édifient par leurs exemples, encouragent par leurs conseils. Des hommes qui, comme Jésus-Christ dont ils veulent être des imitateurs, sont prêts à tous les dévouements et à tous les sacrifices.

La vertu est contagieuse comme le vice, comme lui elle se communique et se propage.

Le Confrère portera *dans sa famille* cette atmosphère de piété dont il s'est imprégné dans les réunions, il lui fera part des enseignements qu'il a reçus, des exemples d'édification dont il a été témoin. Il sollicitera les prières de la Société pour les diverses personnes qui lui sont chères.

Voyez une famille dont les divers membres appartiennent à une association pieuse. Les parents pénétrés de leur sublime mission exercent leur sacerdoce envers tous ceux qui sont réunis sous leur toit et placés sous leur juridiction. Le père s'honore de la pratique de la religion comme de son plus beau titre de gloire. Il appuie et fortifie de son prestige l'apostolat de la mère. L'un et l'autre donnent de bons exemples à leurs enfants. Ceux-ci sont affectueux et soumis. Dans ce foyer d'amour et de force, les membres de la famille trouvent une mutuelle consolation dans leurs douleurs, un abri dans leurs revers.

Quelle paix! quelle joie! quelle tendresse! Si l'on voit quelque part une image des délices du ciel, c'est dans l'admirable groupement des cœurs que présente une famille organisée selon l'esprit évangélique, puisé plus abondamment par ses divers membres dans le foyer de l'association chrétienne.

Que de familles auraient conservé leur honneur si elles avaient eu soin d'enrôler leurs enfants dans ces sociétés pieuses: les bons exemples, une louable émulation, une compagnie de choix, de salutaires instructions les auraient affermis dans la pratique du bien et préservés des occasions où leur vertu a peut-être fait naufrage.

La bienfaisante influence des associations franchit le cercle du foyer domestique.

— Dans la vie publique, les Confrères combattent l'indifférence et l'égoïsme, le doute et l'incrédulité. par leur apostolat, et toutes leurs œuvres de dévouement.

Dans une paroisse, ils forment une milice sacrée autour du troupeau pour en écarter l'ennemi.

Le prêtre trouve en eux des auxiliaires puissants et généreux pour ses différentes œuvres de zèle.

A l'époque des grandes calamités, on a vu, même dans notre diocèse de zélés confrères se consacrer aux soins des malades, à l'ensevelissement des morts et en particulier des suppliciés (1).

---

(1) L'œuvre des ensevelissements *des suppliciés* est essentiellement chrétienne ; elle a été inconnue chez les anciens. Les Romains, peuple le plus policé et le plus humain du monde, les

Les associations rehaussent l'éclat de nos cérémonies.

— Dans nos églises, à nos manifestations religieuses: la présence de ces phalanges pieuses, leurs chants, leurs bannières, l'uniformité de leur costume relèvent l'éclat de nos cérémonies. N'auraient-elles que cet avantage, qu'elles mériteraient notre reconnaissance et notre intérêt. D'autant plus qu'à l'heure actuelle nous sommes forcés de reconnaître que, dans certaines paroisses, les confréries forment à elles seules l'assistance à nos processions. Si elles disparaissaient, le cortège serait bien peu nombreux.

Les associations sont aussi un moyen efficace de conserver dans une paroisse le bien procuré par une mission.

— Une mission opère souvent des merveilles dans une paroisse, mais les missionnaires partis, toute la population retombe dans son indifférence. On dit souvent que ces exercices produisent sur une population l'effet d'un feu ardent sur l'eau d'une chaudière. Tant que le feu brûle l'eau bout. Quand le feu est éteint, l'eau peu à peu se refroidit et reprend son ancienne température. Quand la mission est terminée, les cœurs échauffés par de brûlantes prédications se refroidissent et retombent dans leur indifférence et leur froideur passées.

---

laissaient sur le lieu de leurs exécutions, en pâture aux oiseaux de proie et aux bêtes féroces.

L'heureuse et charitable idée de les ensevelir pour l'amour de Dieu appartient à une de nos principales célébrités nationales, au grand St Eloi. Vers l'an 620, ce saint évêque obtint du roi Clotaire Ier la permission de les ensevelir avec quelques égards.

(Voir IIe partie: Monographie de la Confrérie des Pénitents de Mende. *(Esprit de charité)*.

Comment empêcher que cette comparaison n'exprime la réalité? Comment maintenir la pratique religieuse ramenée par ces saints exercices, entretenir les bons sentiments qu'elle a excités et le feu de l'amour de Dieu qu'elle a allumé dans les cœurs? En établissant des foyers où cette ardeur se continue, c'est-à-dire, des associations qui maintiendront le degré de ferveur communiqué par la grâce de la mission.

Les associations chrétiennes favorisent le rapprochement des diverses classes de la société.

— Le riche et le pauvre, le faible et le puissant, le patron et l'ouvrier, le maître et le domestique, apprennent à se connaître et à s'aimer. Quel précieux bienfait, surtout dans ce siècle où les socialistes soulèvent toutes les mauvaises passions de la classe ouvrière contre la classe aisée.

Les jours de réunion sont aussi des jours de réconciliation; bien souvent là s'arrêtent les procès et cessent les discordes (1).

Par le groupement nous offrons une plus forte résistance à nos ennemis.

— L'Esprit-Saint nous affirme qu'un triple faisceau est difficile à rompre, *funiculus triplex difficile rumpitur* (2).

L'expérience a consacré cette vérité par l'axiome : « L'union fait la force. »

Un fil de chanvre, une goutte d'eau n'offrent qu'une faible résistance. Groupez un certain nombre de ces fils vous aurez des câbles que vous ne pourriez briser. Qu'un certain nombre de gouttes d'eau se réunissent et vous verrez les digues les

---

(1) *La question sociale et sa solution pratique*, par Stéphan Faber.

(2) Eccles. IV, 12).

plus solidement construites, les arbres les mieux enracinés céder à leur impétuosité. Unissez les grains de sable avec du ciment, c'est le roc inébranlable.

Puisque les éléments matériels, les plus impuissants, acquièrent par l'union une si grande résistance, quelle force n'acquerra pas l'association de ce qu'il y a de plus puissant au monde, la volonté humaine!

Dans l'ordre matériel, cette union accomplit des prodiges. Pourquoi n'obtiendrait-on pas aussi des merveilles dans l'ordre moral?

Nos ennemis ne l'ignorent pas, aussi, tandis que leurs efforts tendent à nous diviser, ils s'unissent et forment contre nous de puissantes et nombreuses associations. Jusques à quand les fils des ténèbres seront-ils plus habiles que les fils de lumière?

Nous voyons le clergé présenter une force de résistance admirable à toutes les attaques de ses ennemis, n'est-ce pas, parce qu'il est bien organisé? Les fidèles, au contraire, résistent si faiblement, parce qu'aujourd'hui, en France du moins, ils sont désorganisés. Ils ne sont pas groupés pour la défense ou pour l'attaque.

Les associations sont entièrement conformes à l'esprit de l'Eglise.

— De tout temps, l'Eglise a eu ses confréries ou associations de fraternité évangélique bien différente de cette fraternité philosophique belle en paroles, stérile en effets. Non seulement Elle autorise ce genre d'institution, mais encore Elle les favorise, les enrichit de grâces spéciales et de privilèges particuliers.

Voici le sentiment d'un des hommes les plus éminents de notre époque: « L'Eglise, dit Mon-
« seigneur Pie, a toujours favorisé les associations

« religieuses des divers corps d'état sous le patro-
« nage des saints. Elles ont une merveilleuse puis-
« sance sur les âmes ; elles entretiennent, elles
« raniment, elles perpétuent, au sein des diverses
« conditions, la vie chrétienne et le sentiment
« religieux, trop souvent en voie de s'affaiblir ou
« de disparaître. » (1).

Dans sa bulle « *Humanum genus* » et dans une autre plus récente « *Auspicato* », notre Saint Père le Pape Léon XIII, parlant à l'Univers chrétien, a nettement exprimé le désir de voir relever de leurs ruines les anciennes associations chrétiennes et d'en organiser de nouvelles là où elles n'existent pas.

« Nous souhaitons vivement, *magno opere vellemus*, lisons-nous dans l'encyclique « *Humanum genus* », que partout, *passim restituta*, pour le salut du peuple, *ad salutem populi*, sous les auspices et le patronage des évêques, *auspiciis et patrocinio episcoporum*, les corporations soient rétablies et adaptées aux besoins des temps nouveaux. »

« Elles possèdent en elles-mêmes, nous dit-il,
« une grande force qui arrive fort à propos pour
« lutter puissamment contre l'organition puis-
« sante aussi des sectes. *Magnam habent ad eli-*
« *dendas sectarum vires opportunitatem.* »

Dans une lettre adressée récemment au peuple Italien, le Souverain Pontife, après avoir montré les forces que trouvent les sociétés secrètes dans leur groupement, engage les catholiques à opposer « *association à association.* » (2).

Ces paroles du Chef Infaillible de l'Eglise nous

---

(1) Homélie prononcée à la messe de St-Fiacre, patron de la confrérie des jardiniers (*Œuvres, tom. IV*).

(2) Lettre de N. T. S. P. le Pape Léon XIII (8 décembre 1892).

tracent à tous notre devoir et nous montrent la voie à suivre. Devant cette volonté expresse du Souverain Pontife, nous ne devons plus hésiter ; car, pour un catholique, un désir si nettement exprimé est un ordre.

« *Ce que le Pape veut, Dieu le veut.* »

D'autant plus que les prétextes qui sembleraient motiver notre hésitation, nous paraissent sans fondements sérieux.

CHAPITRE II.

Réponses aux principales objections qui ont cours contre les associations.

Les associations n'ont pas produit partout les avantages que vous signalez, et dans certaines localités, elles n'ont pas empêché le mal d'étendre son empire.

— Il est possible que l'arbre n'ait pas donné des fruits aussi abondants qu'on pouvait l'espérer. Est-ce bien la faute de l'arbre lui-même ? Ne devrions-nous pas accuser plutôt la négligence à le cultiver ? Peut-être ne s'est-on pas suffisamment attaché à former des associations d'hommes ou de jeunes gens. Leur influence sociale eût été plus puissante. On a trop oublié que l'homme, surtout à notre époque, est le maître de la famille, le maître de nos destinées politiques et civiles.

Le mal a fait des ravages, dites-vous. N'eussent-ils pas été plus considérables, sans les sociétés pieuses.

Les associations, en établissant des groupements distincts et des réunions privées dans des chapelles particulières, divisent la paroisse et sont par conséquent contraires à l'esprit paroissial.

— Cette objection est grave. Essayons cependant d'y répondre. Il nous paraît utile d'établir d'abord certains principes généraux.

Les *œuvres catholiques*, peuvent être divisées en trois catégories. Les œuvres : 1° universelles ; 2° diocésaines ; 3° paroissiales, selon que leur champ d'action embrasse la paroisse, le diocèse ou l'Eglise entière.

Il est évident que le Souverain Pontife est le chef des œuvres universelles. Les œuvres diocésaines recevront leur direction de l'Evêque et les œuvres locales celle du Curé.

Plus les œuvres seront unies à leur chef hiérarchique, plus elles seront parfaites. Les fidèles doivent être pleins de déférence dans leurs œuvres pour leurs prêtres. Ceux-ci seront soumis aux évêques. Car si le laïcisme est condamné, le presbytérianisme n'est pas moins contraire à l'esprit de l'Eglise.

Comment donner à nos œuvres le caractère paroissial ? En y faisant intervenir le curé comme agent principal ; il faut qu'il en soit en quelque sorte la tête.

Voulons-nous dire qu'une œuvre cessera d'être paroissiale par le fait que le curé n'en sera pas le directeur ? Non, assurément. Car de même que dans l'organisme humain, toutes les actions ne sont pas accomplies par la tête, quoique celle-ci les dirige toutes. De même une association peut-être gouvernée par un directeur autre que le curé et suivre sa direction. Occupé bien souvent par les travaux multiples du service paroissial, ce pasteur s'estimera heureux d'avoir au près de lui des bras dévoués, pour l'aider dans la culture du champ que la Providence lui a confié.

Il n'est pas juste non plus de soutenir qu'une association perde son caractère paroissial, par le fait qu'elle tient ses réunions dans une chapelle particulière.

Nous voyons fréquemment les Curés fonder des congrégations et leur donner un lieu de réunion autre que la voûte de l'église paroissiale.

C'est qu'une chapelle particulière offre d'immenses avantages (1). Une association a des exercices spéciaux qui pourraient troubler parfois les offices de la paroisse.

S'il s'agit d'une société d'hommes, l'expérience de tous les jours démontre qu'ils aiment de se trouver seuls, dans l'accomplissement de leur devoir religieux. Comment obtenir cet isolement dans une église commune, ouverte à tout le monde.

Enfin, une enceinte étroite et réservée forme un cénacle où il est plus facile de captiver l'attention des assistants. Dès lors que les fidèles y sont groupés par catégories, on peut leur adresser des instructions plus en rapport à leur état et à leur âge.

Tel était le sentiment de St François de Sales.

Voici ce que nous lisons dans la vie de ce grand saint et docteur de l'Eglise. Après avoir raconté comment François de Sales avait fondé une association sous le nom de Confrérie de Pénitents. L'historien ajoute : « Le titre de la Confrérie dé-
« terminé, il fallait fixer un lieu pour ses réunions.
« François comprit que les exercices pieux et les
« diverses pratiques d'une confrérie telle que celle
« qu'il venait d'établir étaient peu compatibles
« avec toutes les exigeances du service paroissial.

---

(1) Nous ne parlons ici que des paroisses populeuses. Dans les campagnes, une chapelle distincte n'est pas aussi utile. Chacun se connaît et le respect humain est moins puissant qu'à la ville. Les habitudes pieuses sont mieux conservées. Le ministère paroissial laisse plus de temps pour les réunions privées.

Cependant, même à la campagne, ne pourrait-on pas donner à la confrérie une chapelle particulière que les sociétaires prendraient plaisir à orner ?

« En conséquence, il choisit une autre église » (1).

Du reste, la chapelle particulière n'est pas une nouveauté. Elle est conforme aux traditions de l'Eglise. St Jean Chrysostôme dans une de ses homélies conjure les maîtres, d'établir des chapelles au centre de leurs exploitations agricoles (2). Avant la révolution il y avait de nombreuses chapelles de corps de métiers déservies par un aumônier spécial, çà et là, quelques-unes sont encore debout. La plupart des nombreuses églises de la ville de Rome n'ont pas d'autre origine. Sur la place Trajan, par exemple, on voit deux églises. La première dédiée à Ste Marie de Lorette a été bâtie en 1507 par une corporation de boulangers ; la seconde a été construite, en 1740, par une confrérie de Pénitents.

Bien loin de nuire à la paroisse et de la diviser, l'établissement des associations et leurs réunions particulières sont un bien pour elle.

Dans ces groupements les fidèles acquerront une piété, un zèle dont bénéficiera naturellement la paroisse tout entière, ainsi que nous l'avons démontré en parlant des bienfaits sociaux de l'association. D'ailleurs les exercices de la Confrérie auront lieu à des heures qui permettent aux associés d'assister aux offices paroissiaux. Les Directeurs se feront un devoir de les exhorter à s'y rendre avec assiduité. De la sorte, l'association complètera la paroisse et ne la divisera pas. « La Con-
« frérie, disait Mgr Pie, supplée utilement la pa-
« roisse ; et l'image du saint patron rassemble cha-
« que dimanche sous sa bannière des catégories
« entières d'hommes que la cloche ne parviendrait

(1) *Vie de St François de Sales*, par M. l'abbé Hamon, curé de St-Sulpice.

(2) Homélie VIII, sur les actes des Apôtres.

« pas à reunir dans l'assemblée commune des fidè
« les. » (1).

« Dans une lettre pastorale adressée à ses diocésains, Mgr Rendu, évêque d'Annecy, écrivait:
« Dans les courses pastorales que nous avons fai-
« tes dans notre diocèse, une chose a singulière-
« ment frappé notre esprit ; la voici dans toute sa
« simplicité : c'est que dans toutes les paroisses
« où les confréries sont bien établies, nombreuses,
« régulières, ferventes, on voit une atmosphère
« de piété envelopper toute la population, plus de
« concorde régner entre les familles et les scanda-
« les devenir de plus en plus rares. Dès lors nous
« avons formé le dessein d'encourager ces associa-
« tions pieuses fécondes en heureux résultats. (2).

Celui qui supprimerait une confrérie dans l'espoir de donner plus de vie à la paroisse, ne serait-il pas comparable à ce chirurgien qui retrancherait un bras dans l'espoir d'augmenter la vie de la tête et du cœur, des forces dont jouit cette partie du corps ?

Pourquoi tant d'associations différentes ?

— Dites plutôt, pourquoi tant de besoins ? Pourquoi tant de goûts divers ? Pourquoi tant de situations, qui ne se ressemblent pas ?

Habituellement ce sont ceux qui ne font partie d'aucune association, qui se plaignent de leur multiplicité. Nous pensons, au contraire, qu'il faudrait en augmenter le nombre, afin d'atteindre plus vite le but que nous poursuivons.

On raconte parfois des traits peu édifiants, à l'encontre des membres de certaines associations.

---

(1) *Œuvres* du Cardinal Pie. Tom. IV.

(2) Les Orateurs Sacrés contemporains. Tom. X.

— Que voulez-vous de plus triste que la trahison de Judas. N.-S. Jésus-Christ a donc eu tort de le choisir pour un de ses apôtres et d'instituer le collège apostolique.

La magistrature, l'armée, le clergé, les ordres religieux, ont eu dans leurs rangs des membres dont la conduite les ont déshonorés. Faut-il en conclure que ces institutions soient mauvaises?

Si on supprimait les associations où se sont glissés des abus bien peu resteraient debout.

La perfection n'est nulle part parmi les hommes. Mais il y a injustice criante à rendre tout un corps responsable des faiblesses de l'un de ses membres.

Quelle famille, comptant plusieurs siècles d'existence, ainsi que certaines confréries, n'a-t-elle pas à déplorer quelques écarts? Doit-on pour cela incriminer la famille entière? Est-ce que, pour l'oubli de certains, il faut méconnaître la vertu et la persévérance des autres? L'indignité de Judas peut-elle faire oublier la fidélité des autres compagnons de Jésus?

A côté des anecdotes embellies souvent par l'imagination du narrateur, que de traits admirables de générosité ne pourrait-on pas relever? Que de trésors de vertu ne pourrait-on pas découvrir? La somme du mal est-elle comparable à la somme du bien?

Pourquoi dans les confréries adopte-t-on un costume spécial?

— L'uniformité de costume favorise l'union qui doit exister entre les membres d'une société pieuse. Le riche, en couvrant ses habits élégants, fait disparaître la distance qui pourrait éloigner de lui le pauvre.

De nos jours, où l'on proclame si haut les doctrines égalitaires, on ne devrait point s'élever contre ces costumes qui établissent l'égalité de vêtements entre pauvres et riches, et disposent mieux à la fraternité.

Pourquoi, dans certaines confréries, se voile-t-on le visage ?

— Souvent, et bien à tort, nous jugeons les choses d'après les mœurs actuelles. Tandis que pour nous en former une juste idée, nous devrions remonter à l'époque de leur origine. Alors, telle pratique que nous trouvons étrange aujourd'hui, nous apparaîtrait inspirée par un sentiment de sagesse. Les confréries auxquelles vous faites allusion sont très anciennes dans l'Eglise. Elles ont été établies à une époque où la pratique de la religion était non seulement une gloire, mais encore une condition indispensable de posséder l'estime et la sympathie de son prochain. Les fondateurs de ces associations ont dû trouver le moyen de préserver ceux qui en feraient partie d'être accusés d'agir par esprit d'amour-propre ou par intérêt. C'est précisément ce qu'ils obtenaient, en leur imposant de se voiler le visage. Inconnus de tous, les membres de ces pieuses institutions, par leurs actes de religion, se sanctifient, honorent Dieu et édifient leur prochain, sans qu'on puisse les accuser d'avoir pour mobile la vanité ou l'appât de quelque bien matériel.

Les associations religieuses ont des contradicteurs parmi des hommes recommandables par leur vertu.

— Nous leur demanderons s'il appartient à des fils de l'Eglise de blâmer des institutions que leur mère approuve et encourage et qui, d'après les témoignages incontestables des Souverains Pontifes, ont ravivé la foi et assuré le salut d'un grand nombre, en leur faisant pratiquer de bonnes œuvres (1).

Nous désirerions créer une association, mais nous craignons de ne pas réussir, on en voit un si grand nombre qui ont une existence éphémère.

— Bien souvent les timides voient une impossibilité où Dieu n'a semé des obstacles que par miséricorde, afin d'exciter leur ardeur et de faire valoir leur courage.

Essayez. Dieu ne demande pas le succès, il exige seulement les efforts. Vous vous épargnerez le regret de n'avoir pas fait une tentative. Le pire des insuccès est celui de ne rien faire. Dieu aura compté vos peines. Il aura vu aussi l'humiliation à laquelle vous aura condamné votre échec. Il vous en récompensera. Si les apôtres fussent restés dans le cénacle par la crainte de ne pas réussir dans leur apostolat, ou d'éprouver la persécution, nous serions tous païens. Nous serions privés de cette belle floraison d'œuvres qui embellisent le jardin de l'Eglise, si leurs fondateurs avaient redouté un insuccès. Ils ont compté sur les bénédictions du ciel et sont allés de l'avant. Suivons leur exemple. « *Nolite ergo solliciti esse in crastinum* », (2) dites-vous. « *Omnia possum in eo qui me confortat.* Je puis tout en celui qui me fortifie » (3).

Quoique votre œuvre n'ait pas une longue durée, elle aura fait sans doute quelque bien. N'aurait-elle vécu que peu d'années, elle aura jeté une semence qui plus tard pourra donner des fruits.

Nous redoutons les contradicteurs.

— Nous n'ignorons pas que ceux qui veulent tra-

(1) Lettres encycliques de Léon XIII : *Humanum genus*. — *Misereor super turbam*,

(2) St-Math. VI, 34. — (3) Philipp., IV, 13.

vailler à la gloire de Dieu, par les œuvres de zèle trouvent toujours sur leur chemin des contradicteurs. Ils n'en auront jamais autant que le Divin Sauveur. Les Juifs lui jetaient des pierres et finalement l'attachèrent à une croix! Le disciple ne peut être au-dessus du maître.

Sachez aussi que trois choses honorent l'homme ici-bas : la haine des méchants, le mépris des sots, l'estime des bons. Les impies attaqueront toujours ceux qui veulent arracher les âmes à l'empire du démon. Les sots, c'est-à-dire les hommes de rien, les égoïstes, les jaloux, les hommes à courte-vue, les jouisseurs blâmeront toujours ceux dont l'activité condamne leur inaction, leur sensualisme et leur lâcheté. Pourquoi vous inquiéter des jugements dictés par des sentiments aussi odieux ? Chose étrange! Ceux qui n'ont jamais tenté aucune œuvre, sont toujours les premiers à les déclarer impossibles et à condamner comme des rêveurs ou des ambitieux ceux qui ont le zèle de les entreprendre.

Les bons, au contraire, les hommes généreux, sincèrement dévoués à la gloire de Dieu et au salut des âmes, applaudissent toujours aux efforts pour le bien, approuvent toutes les bonnes initiatives, lors même qu'elles ne seraient pas couronnées de succès.

Nous possédons une confrérie fondée depuis plusieurs siècles ; l'esprit de piété qui l'animait à l'origine s'est affaibli, des abus se sont introduits. Nous croyons faire une œuvre agréable à Dieu, en la laissant s'éteindre.

— N'avons-nous pas autour de nous, assez de débris d'institutions chrétiennes ? Pourquoi en augmenter le nombre ?

Votre confrérie est ancienne, tant mieux. Elle

a subi les épreuves du temps. Elle porte le sceau vénérable de la tradition. Elle a sans doute envoyé de nombreux protecteurs dans le ciel, qui peuvent lui obtenir une vie abondante. Car tous les associés qui sont auprès de Dieu veillent sur cette société à laquelle ils sont redevables peut-être de leur bonheur éternel. Il est possible qu'à travers les siècles elle ait perdu de sa première ferveur.

Est-il vrai cependant que les vices et les défauts l'emportent sur les vertus et les services? Quoi qu'il en soit, nous pensons qu'au lieu de les détruire, il serait plus agréable à Dieu, d'employer votre zèle à rajeunir ces pieuses institutions du passé. Elles possèdent toutes les conditions de force et de vertu que l'on puisse désirer.

Un sage architecte détruit-il un monument parce que, dans la suite des âges, les murs se sont couverts de mousse ou de poussière, parce que des pierres se sont détachées? Non. Par d'habiles réparations, il s'efforce de rendre à l'édifice sa première solidité et l'éclat des premiers jours. Agissons de même à l'égard des anciennes confréries, faisons-leur subir quelques sages modifications exigées par les mœurs du siècle ou les circonstances locales.

Convaincus des nombreux avantages qu'on trouve dans une association pieuse, nous désirerions nous y enrôler, mais un motif nous en éloigne: nous ne voyons dans leurs rangs que des hommes du peuple.

— J'applaudis d'abord à votre désir. Vous me permettrez cependant de contester votre affirmation. Car, encore de nos jours, nous trouvons dans nos associations chrétiennes des hommes appartenant aux plus hautes classes de la société. Nous reconnaissons que dans ces derniers temps, la classe dirigeante s'en est trop éloignée. Cet abandon est une des causes principales de l'affaiblissement de ces institutions pieuses. En entrant dans leurs rangs, la *classe dirigeante* participerait à leurs précieux avantages, elle contribuerait par sa présence à leur prospérité, enfin elle remplirait une partie de ce *devoir social* que lui impose sa supériorité : de naissance, de fortune, d'éducation, de talent, d'autorité et d'influence. Le Créateur, en accordant tous ces biens aux classes aisées, n'a pas voulu qu'elles en jouissent en égoïstes. Il exige que tous ces dons soient utilisés pour sa gloire et pour le bien du prochain. *Et mandavit illis unicuique de proximo suo* (Eccl. XVII, 12) (1).

Lorsqu'un Dieu a consenti à quitter le ciel, pour passer sa vie au milieu des petits, pourquoi hésiteriez-vous à vous mêler aux enfants du peuple?

---

(1) TOUTE SUPÉRIORITÉ POSSÉDÉE PAR L'HOMME LUI EST CONFÉRÉE DE DIEU POUR EN FAIRE BÉNÉFICIER LES AUTRES. *Illud in quo homo excellit, datur homini a Deo, ut ex eo aliis prosit.* » (Somme théol. de *St Thomas d'Aquin*, II, IIe, quæst. 131, art. 1).

St Jean Chrysostôme, dans l'homélie X sur la première épître aux Corinthiens, nous dit : « Ne gardez pas pour vous seul « ce qui vous a été confié ; autrement vous nuiriez à tous et à « vous surtout. »

Dans son apologie de la vie monastique (*Liv. III*), après avoir décrit brièvement, mais vigoureusement le jugement dernier et les peines de l'enfer, le même Docteur se demande : « Et pour qui ces supplices ? Il est des fautes légères à nos yeux aujourd'hui et qu'il faudra pleurer éternellement. De ce nombre est la négligence du salut de nos frères en Jésus-Christ. LE SOUVERAIN JUGE VOUS DEMANDERA UN COMPTE ÉGAL DE VOTRE SALUT ET DE CELUI DE VOTRE PROCHAIN.

Ecoutez St Paul exhortant les fidèles de Corinthe à chercher les intérêts des autres comme les leurs *(I Cor. X, 24).* Il s'indigne et les reprend avec véhémence de ce que, vis-à-vis d'un frère fornicateur, ils se sont contentés de mépriser sa faute sans prendre soin de son âme ni procurer sa conversion. Il parle de même aux Galates : « *Mes frères, si quelqu'un a eu le malheur de* « *tomber dans le péché, vous autres, qui êtes animé de l'esprit de*

Du reste, la famille religieuse dans laquelle vous hésitez à entrer, a des traditions glorieuses, et souvent le modeste habit du confrère cache un cœur noble et généreux.

CHAPITRE III.

Principes généraux sur la fondation et la direction des Associations chrétiennes.

— Dans les œuvres qui ont pour but la sanctification des âmes, à l'exemple des apôtres et des célèbres convertisseurs, employons surtout les moyens surnaturels. Voulez-vous fonder une association chrétienne? priez et faites prier. Rappelez-vous ces divins oracles de nos saintes écritures:

« *Dieu, relevez-le.* » *(Gal. VI, 1).* Aux chrétiens de Tessalonique, il ajoute: « *Continuez à vous exhorter mutuellement, consolez les « âmes pusillanimes, soutenez les faibles.* » *(I Tess. V, 11 et 14).*

Et pourquoi ces avertissements répétés? C'est pour qu'on ne puisse pas se dire: « A quoi bon m'occuper du salut des autres? Que celui qui veut périr périsse; sauve qui peut, ce n'est pas mon affaire, ça ne me regarde pas! » St Paul s'élève contre de tels sentiments indignes d'un homme et surtout d'un chrétien. Il affirme que celui qui néglige le salut de son frère pèche contre le Christ lui-même *(I Cor, VIII, 12).* Et ce n'est pas l'Apôtre qui invente cette doctrine. Le Fils de Dieu l'a prêchée avant lui; écoutez la terrible punition réservée aux fidèles négligents sur ce point. Jésus-Christ parle d'abord du scandale des petits et punit ce crime de l'enfer *(St Math. XVI, 6).* Puis Il raconte la parabole des talents et condamne au même supplice celui qui ne fait pas profiter les âmes des dons reçus uniquement pour elles!

Comprenez-vous maintenant combien il est insuffisant de bien régler sa vie privée, puisque la négligence du salut de nos frères mérite aussi la peine éternelle. »

— Cf. Bourdaloue: *Sermon sur le soin des domestiques.*

Ce discours est un exposé clair et méthodique des devoirs qui incombent à un maitre envers ses serviteurs, à un patron envers ses ouvriers, à un chef quelconque envers ses subordonnés ou employés.

Sine me nihil potestis facere. Sans moi vous ne pouvez rien faire. *Nisi Dominus œdificaverit domum, in vanum laboraverunt qui ædificant eam.* Si le Seigneur n'édifie lui-même une maison, en vain travaillent ceux qui s'efforcent de l'édifier (Ps. CXXVI. I.) La bénédiction divine est nécessaire au fondement de tout édifice matériel, elle est bien plus indispensable pour un édifice moral souvent plus difficile à élever et surtout à conserver.

Lorsque nous avons la témérité de compter sur nos propres forces Dieu s'éloigne de nous. Il semble nous dire : vous croyez pouvoir vous suffire sans le secours de ma grâce! je me retire. Privés de ce concours divin, ne serons-nous pas condamnés à une impuissance absolue?

— Soyez prudent dans le choix des premiers membres, prenez-les parmi les personnes les plus influentes de la paroisse et les plus recommandables par leur piété et leur vertu. N'admettez de nouveaux associés que lorsque ce premier noyau aura reçu une bonne formation.

— L'association catholique ne sera vraiment efficace qu'à la condition de s'étendre à tous les âges, à tous les sexes, à toutes les conditions. Il faut que les enfants, les jeunes gens et les hommes d'un côté. les jeunes filles et les femmes de l'autre, aient leurs associations particulières.

— Divisez chaque association en petits groupes, que vous constituerez, à la campagne par les associés d'un même hameau, à la ville par ceux d'un même quartier. A la tête de chaque section, placez un zélateur. Celui-ci tient exactement la liste des membres qui lui sont confiés, se met en rapport avec eux, devient leur confident, le vecteur de leurs demandes, leur moniteur au besoin. Il signale leur changement d'adresse ou de domicile, les convoque aux réunions, leur fait parvenir les documents de propagande, avertit les directeurs en cas de maladie, etc. etc.

—Toutes les institutions pieuses doivent avoir un caractère paroissial. C'est un moyen d'augmenter le prestige de la paroisse et de rendre son action plus fructueuse. Les œuvres y trouveront aussi leur avantage. Elles seront ainsi dépouillées de leur caractère de personnalité, qui ne pourrait que leur nuire et leur avenir sera mieux assuré. La paroisse sera le dernier rempart que l'Eglise présentera à ses ennemis ; par conséquent en greffant nos œuvres sur ce fondement solide et en les abritant dans cette redoutable forteresse, nous leur donnerons une plus sûre garantie de durée.

— Les réunions doivent être fréquentes. Laissez le moins de temps possible au démon pour entamer votre œuvre. Faites-les au jour et à l'heure règlementaires. Un changement ne doit avoir lieu que pour des raisons graves. Dans ces réunions, formez l'esprit de l'association. Donnez lecture des statuts, expliquez-en les articles. Que vos instructions soient pratiques et intéressantes, afin qu'elles soient profitables à vos auditeurs, et qu'on se retire avec le désir de revenir vous entendre.

— Ne visons pas au brillant, cherchons surtout le solide, sans quoi nos œuvres seraient comme ces arbres, qui donnent des feuilles et des fleurs et ne produisent aucun fruit.

Ce n'est point par des pièces de théâtre, des concerts de musique, des fêtes profanes, mais par la prédication de l'Evangile et les Sacrements que les apôtres ont conquis le monde. Nous ne pourrons le conserver à Jésus-Christ ou le lui ramener que par les mêmes moyens. Notre pensée n'est pas qu'on doive supprimer toutes sortes de divertissements dans les associations. Ils sont parfois utiles, surtout dans les œuvres de jeunes gens. Cependant, cédons le moins possible à l'esprit de sensualisme de notre siècle, il nous sera plus facile de vaincre le démon par les moyens surnaturels.

— Que toutes nos œuvres aient pour base l'abnégation, l'oubli de notre nom et de nos intérêts. N'acceptons pas ces cadeaux particuliers ou collectifs par lesquels les membres d'une association désirent parfois nous témoigner leur gratitude, qu'on les réserve pour la chapelle ou pour l'Œuvre elle-même. Notre dignité et notre indépendance y gagneront.

— Efforcez-vous d'obtenir la fréquentation des sacrements. Plus une association est eucharistique, plus elle est vigoureuse, florissante et féconde. Nous connaissons certaines œuvres qui considèrent le nombre de communions comme le thermomètre de leur ferveur, aussi en font-elles un contrôle très exact, afin d'établir la comparaison entre les diverses années. Que le Sacrement de l'Autel soit donc le foyer et le centre de toutes nos œuvres.

— Votre travail dans les associations est incomplet, tant que vous ne menez pas quelques-uns de ses membres à la perfection. Des religieux, direz-vous? et pourquoi pas? quel malheur y aurait-il? Que voulez-vous? former des chrétiens pour le monde. Or le chrétien vrai est celui qui tend à la perfection de toutes les vertus. « *Duc in altum!* » Encore, toujours, plus haut !

Telle était la méthode du vénéré Timon-David. « Exigez peu, disait-il, vous n'aurez pas grand' « chose, demandez beaucoup, et vous obtiendrez « beaucoup. »

— Développez dans ces hommes d'élite, le véri-

table esprit du christianisme, qui est un esprit de sacrifice. Vous en formerez ainsi vos auxiliaires, dans le glorieux et consolant ministère de l'apostolat. « Que les pasteurs fassent comme moi, écri-
« vait Sa Sainteté Léon XIII, à l'Evêque de Châ-
« lons-sur-Marne, qu'ils prient, qu'ils suscitent des
« laïques religieux. S'il y en a déjà, qu'ils les atta-
« chent à leurs œuvres pastorales, qu'ils se servent
« de leur expérience, de leurs talents, de leur au-
« torité. Autrefois les princes étaient nos auxi-
« liaires, et, pour ce motif, on les appelait les
« évêques du dehors; il nous faut à nous des évê-
« ques du dehors; aux curés des pasteurs du de-
« hors. Prêtres et laïques doivent travailler en-
« semble au renouvellement de la foi. »

L'apostolat auprès des laïques par les laïques, de l'ouvrier par l'ouvrier, nous sera d'une grande utilité. On trouve parfois dans leurs cœurs, des trésors de foi et de dévouement. De plus, ils pénètrent dans des milieux où le prêtre n'a point libre accès. Enfin, dans notre siècle égalitaire, on montre moins de défiance envers ses égaux.

Ces laïques seront non seulement vos auxiliaires au-dehors, ils seront aussi vos conseillers dans la direction de vos œuvres. On aura de précieuses lumières dans leurs avis. Ils pourront indiquer ce qui s'adapte le mieux au caractère, aux besoins et aux habitudes des hommes que l'on veut atteindre. Ils mettront plus de zèle à exécuter des mesures qu'ils auront approuvées, et les associés seront mieux disposés à les accepter, quand ils sauront qu'elles ont été prises par les gens de leur condition.

— Nous croyons que la pratique des retraites serait un moyen efficace de former des chrétiens et de vrais apôtres. Désirant donner certains développements à ce sujet, nous le traiterons dans le chapitre suivant.

— Montrons-nous pleins de condescendance et de bonté, à l'égard des membres de nos associations. Le divin Maître, dont nous devons être les imitateurs, a déclaré être venu sur la terre : « non pour être servi, mais pour servir. *Non veni ministrari, sed ministrare.* »

Lorsque nous sommes obligés de sévir, que dans la correction on reconnaisse la douceur d'une bonté paternelle. N'oublions pas que nos associations se composent d'hommes du monde, qui n'ont pas reçu une formation comme celle des prêtres ou des religieux. Souvenons-nous qu'ils viennent librement et que nous ne devons pas les traiter comme des écoliers, que nous contraignons de suivre, même malgré eux, le règlement d'une maison. Notre sévérité les éloignerait bientôt de nous. Dans ce cas, nous serait-il plus facile de les former à la piété et à la vertu ?

Voulons-nous dire qu'il ne faut jamais sévir ? Non. Il est des circonstances où une mesure sévère, énergique, s'impose, surtout lorsqu'il s'agit de fautes scandaleuses contre la foi ou les mœurs. Mais soyons indulgents pour les fautes accidentelles et disciplinaires. Selon le conseil de l'Évangile, il ne faut pas éteindre la mèche qui fume encore, ou briser le roseau à-demi rompu. Une mère s'attache d'autant plus à son enfant, qu'il est malade et infirme.

Mêlons de la bienveillance à la rigueur de la discipline. C'est ce que nous signifie l'Esprit-Saint par ces paroles : « Je pris deux houlettes, dont « j'appelai l'une la bonté et l'autre le cordon, et je « menai paître mon troupeau. » (*Zach. XI, 7*).

Le Seigneur nous apprend par ces paroles, que

ceux qui sont chargés de gouverner les autres, doivent user d'un double régime: d'abord de la houlette de la bonté, qui consiste dans l'emploi de l'amour, de la clémence, de la bienfaisance, des promesses, des récompenses ; c'est là un régime beau et magnifique, celui par lequel Dieu gouverne le monde. « *Disponens omnia suaviter*. disposant tout avec suavité. » Si certains ne veulent pas être gouvernés par la douceur, il faut employer le second régime, la houlette du cordon, qui symbolise la sévérité et les châtiments. Le mélange de ces deux régimes est de beaucoup la meilleure méthode, suivant ces paroles de l'apôtre : « Reprenez, suppliez, corrigez. »

Ars artium regimen animarum.

— Le salut des âmes, tel est le but final de nos associations religieuses. Toutefois, l'homme a aussi un corps qu'il ne faut pas négliger. Aussi. dans nos sociétés, devons-nous procurer le bien matériel en même temps que le bien moral. Souvent on gagnera les âmes en prenant soin du corps. Les apôtres le savaient bien. Aussi, aux premiers jours du christianisme, établirent-ils des œuvres charitables. Absorbés déjà par le ministère de la prédication, ne pouvant s'occuper de ces *institutions économiques*, ils instituent des diacres et leur en donnent la direction.

A l'heure actuelle, c'est par l'appât des intérêts matériels, que nos adversaires recrutent des adhérents à leurs sociétés. Nous attirerons et nous maintiendrons cette catégorie d'utilitaires, auprès de nous, si nous avons soin de placer à côté de nos associations religieuses, des institutions économiques qui assureront à leurs membres des secours matériels.

— Les associations n'auraient-elles qu'un but

matériel, donnons-leur toujours un esprit religieux. Car les œuvres où Dieu, n'a pas sa place, se retournent instinctivement contre lui: « *Qui n'est pas avec moi est contre moi.* » (St Math. XII, 30). Les associés y trouveront aussi leur avantage. L'esprit de piété les excitera à l'accomplissement des devoirs de la charité fraternelle, car *un bon chrétien* est ordinairement un bon sociétaire.

— Le plus grand découragement pour un homme d'œuvres, c'est de constater que malgré tous ses soins, pour organiser une association, il n'a obtenu aucun résultat. Doit-il se décourager? Non. Qu'il aille se jeter aux pieds de Notre-Seigneur, qu'il lui offre ses douleurs et qu'il se relève avec plus de courage. Un chrétien ne doit perdre confiance que lorsque son cœur ne bat plus. Dieu veut que les œuvres solides s'établissent lentement et se soutiennent par des sacrifices perpétuels. Il faut s'attendre à une alternative de succès et de revers.

Jusqu'ici vos efforts ont été stériles. Peut-être n'aviez pas assez d'expérience?

Ecoutez le spirituel moraliste Lafontaine :

D'abord il s'y prit mal, puis un peu mieux, puis bien,
Puis enfin il n'y manqua rien.

CHAPITRE IV.

Des Retraites.

Parmi les moyens de former les membres de nos sociétés chrétiennes, à l'accomplissement de leurs devoirs religieux et à l'exercice du zèle, nous avons déjà signalé l'excellente pratique de la Retraite. Dans ces jours de repos, de recueillement, de prière et de réflexions sérieuses, Dieu se communique à l'âme et celle-ci, connaissant mieux ses devoirs, se donne entièrement à Lui. « Une re-

« traite bien faite, dit St Vincent de Paul, est un « entier renouvellement ; celui qui la fait comme « il faut passe dans un autre état : il n'est plus ce « qu'il était, il devient un autre homme. »

« Tout est sauvé, écrivait le cardinal Guibert, « alors évêque de Viviers, si les chrétiens veulent « donner chaque année, trois jours seulement aux « vérités éternelles. »

Vous direz, peut-être, que ces exercices ne conviennent qu'à des prêtres ou à des religieux? Ecoutez ce que vous répond un de nos plus grands moralistes : « A qui les retraites sont-elles le plus nécessaires? Ce n'est point à cet ecclésiastique, ni à ce religieux, qui mènent une vie réglée dans leur profession : c'est à cet homme d'affaires dont la conscience est chargée de mille injustices, qu'il ne verra jamais bien que dans une retraite ; c'est à cet homme de cour qui ne pensera jamais sérieusement à son salut, si une retraite ne l'y fait penser ; c'est à cette femme du monde, laquelle se trouve dans un abîme de corruption, dont il n'y a qu'une retraite qui soit capable de la tirer. C'est à ces personnes qu'il faut des retraites. Aux autres, elles sont de conseil ; mais à celles-ci, elles peuvent être et sont très souvent d'obligation, parce que, dans l'ordre naturel des grâces et dans la voie commune de la Providence, elles leur deviennent un moyen unique pour se sauver » (1).

Ces exercices spirituels produisent d'autant plus de résultats que les retraitants se séparent complètement du tumulte du monde, s'éloignent de leurs occupations ordinaires et se retirent sous le regard de Dieu, dans la solitude. « On fera dans la « vie spirituelle des progrès d'autant plus rapides,

---

(1) Bourdaloue. Sermon pour le XVIIe dimanche après la Pentecôte, *sur le caractère du chrétien.*

« dit saint Ignace, qu'on s'éloignera davantage, « d'esprit et de corps, de ses connaissances, de « ses amis, du train des nouvelles et des affaires « mondaines. » (*Exercices spirituels*).

Nos pères avaient bien compris ces grandes pensées de la foi. Aussi édifièrent-ils de toutes parts, surtout en Normandie et en Bretagne, de paisibles demeures appelées *Maisons de Retraite*, où des milliers de personnes trouvaient chaque année une hospitalité fortifiante. La maison de Vannes pouvait en contenir trois cents. Paris avait aussi sa maison de retraite; la classe élevée, la bourgeoisie, les artisans, venaient tour à tour y suivre les saints exercices. Au commencement du XVIIe siècle, le R. P. Houdry, écrivait : « La pratique des retraites est établie dans presque toutes les villes de France, et toutes les classes de la société y prennent part. »

La Révolution ne laissa pas debout ces citadelles de la foi, à l'ombre desquelles les âmes venaient se fortifier, dans la pratique de la vertu. Mais aussitôt que les temps rassérénés le leur permirent, des hommes généreux reconstituèrent ces paisibles demeures et rétablirent la pratique des retraites. Depuis quelques années, nous assistons à l'épanouissement de cette pieuse institution. A l'heure actuelle, il existe un grand nombre de ces solitudes, où des groupes d'hommes du monde viennent travailler à la réforme de leur vie et réchauffer leur zèle (1).

---

(1) Des maisons de retraite ont été fondées: au Château-Blanc, à la porte de Lille; à Braisne, à côté de Reims; à Boulogne-sur-Mer; à Athis, à Clamart, près Paris; à N.-D. de Glandier (Corrèze); à Prime-Combe (Gard); à Paray-le-Monial; au château de Monbeton, près Montauban, etc., etc.

Les grand séminaires de Séez, d'Orléans, de Viviers; les petits séminaires de Combrée, de Liesse, etc., ont vu tour à tour se réunir, dans leurs murs, des hommes, pour y suivre les exercices de la retraite.

Les membres des cercles catholiques d'ouvriers ont efficacement secondé ce mouvement, en organisant des retraites dans toutes les zônes, et en se retirant eux-mêmes, tous les ans, après la clôture de l'assemblée générale, à Clamart, pour y suivre les saints exercices.

Les Dames ne pouvaient rester étrangères à ce grand mouvement des retraites. Elles ont voulu avoir les leurs. Ces pieuses réunions se sont tenues à Séez, à Fourvières, à Rocamadour, à Liesse, à Paray-le-Monial, etc.

Il y a près de cinquante ans, il s'est fondé une congrégation nouvelle des religieuses de la Retraite ou du Cénacle. Elles ont pour mission spéciale de favoriser l'œuvre des retraites, en recevant chez elles les personnes qui voudraient s'y retirer pour y faire les saints exercices. Elles possèdent des maisons à Paris, à Lyon, à Nancy, à Tours, et jusqu'à Rome. Tout récemment, un de ces centres de piété vient d'être établi à Montpellier (1).

En présence des consolants résultats obtenus auprès de la classe aisée, on a voulu étendre la bienfaisante influence de cette pieuse institution sur les hommes et les jeunes gens de la classe ouvrière. Le succès a dépassé les espérances. En certains endroits, au Château-Blanc, par exemple, plus de 800 hommes, dans une seule année, sont venus, divisés par groupes de vingt ou de vingt-cinq, suivre les exercices de la retraite. C'est un beau et touchant spectacle qu'offrent ces hommes du travail, réunis sous un même toit, comme dans un monastère, écoutant attentivement la parole de Dieu, assis à la même table, gardant le silence aux heures prescrites, faisant leur adoration devant le

---

(1) Enclos Tissier-Larus, près le Pérou.

Saint-Sacrement, récitant le chapelet, recommençant en particulier le chemin de la Croix fait d'abord en commun.

On ne saurait comprendre le contentement éprouvé par ces bons ouvriers. L'un d'eux disait au Père prédicateur : « Mon patron m'a fait bien « des cadeaux, mais le plus beau de tous, c'est « cette retraite. » Et un autre : « C'est dur de « s'habituer le premier jour ; mais maintenant je « resterais bien un mois. » Voici une lettre d'un des retraitants au R. P. Watrigan, qui avait prêché une de ces retraites à Braisne. Nous la reproduisons textuellement :

Mon Révérend Père,

....

Merci encore pour l'excellente retraite que vous nous avez fait passer à Braisne. Je demandais, ce matin, à un de mes camarades, quelle avait été aussi son impression actuelle. Elles corroborent les miennes : « J'ai été bouleversé, enlevé, élevé ; je m'ennuie maintenant. » Et c'est vrai, la vie de l'âme nous a paru si douce et si consolante, que maintenant qu'il faut consacrer au labeur aride la plus grande partie de nos journées, nous regrettons, non pas Braisne, le parc, ni même les barques, mais la chapelle, nos chambres sévères, les méditations, la réflexion. Nous maudirions presque le travail astreignant qui nous courbe sous la matière ou les occupations et préoccupations matérielles, si vous ne nous aviez appris à le considérer, à l'accepter comme expiation.

Nous souhaitons donc très ardemment renouveler le plus souvent possible ces repos de l'esprit et de l'âme si salutaires et si fortifiants.

Agréez, mon Révérend Père, l'assurance de ma parfaite gratitude.

Adrien Henry,
Rue de l'Echauderie, 4, Reims (1).

Une heureuse expérience a montré que ces hommes et ces jeunes gens reviennent de ces nouveaux cénacles tout transformés par la grâce. Ils se mon-

---

(1) Annales de N.-D. de l'usine et de l'atelier.

trent plus laborieux, plus consciencieux, plus fidèles aux pratiques religieuses et deviennent des apôtres.

« Les fruits que j'ai retirés de la retraite, écrivait un jeune homme qui venait de terminer ces pieux exercices à Athis, sont : la persévérance dans le bien, malgré mon inconstance naturelle, un grand désir de devenir meilleur et de faire autour de moi le plus de bien possible. » « En partant pour la retraite, disait un autre, je craignais que l'ennui vînt me visiter. C'était une ruse du démon, pour me détourner de mon projet. Rien, en effet, ne saurait dépeindre la paix, la joie, le bonheur que j'ai éprouvés, soit dans mes entretiens avec Dieu, soit en considérant les autres jeunes gens faire leurs exercices spirituels, avec tant de sérieux, chanter les louanges de Dieu avec tant de cœur, prendre leurs récréations avec tant d'entrain et de franche gaieté. » (1).

. Appréciez les admirables avantages dont bénéficieraient nos associations chrétiennes si, chaque année, un certain nombre de leurs membres suivaient les exercices d'une retraite fermée! Quel bien en résulterait pour les paroisses! Quel élément pour la paix sociale et l'ordre chrétien! « La « solitude, disait le R. P. de Ravignan, est la patrie « des forts; le silence, leur prière. Là, Dieu parle « et agit en eux; il les exhorte aux généreux des- « seins, aux énergiques entreprises. »

Qu'il nous soit permis d'exprimer un désir. Nous voudrions voir s'établir, dans notre diocèse de Mende, si fertile en œuvres de zèle, cette institution des retraites fermées. Les locaux propices ne manquent pas. Que d'immeubles pourraient être utilisés pour ce pieux usage! Les aménagements seraient faciles; les dépenses ne seraient pas très considérables. On nous objectera peut-être la question du recrutement. Nous pensons que les retraitants seraient en nombre suffisant. Le succès de la retraite annuelle des conscrits, inaugurée

(1) Bulletin de l'Œuvre du vénérable de la Salle.

dans le diocèse par M. l'abbé de Ligonnès, n'est pas fait pour diminuer notre confiance (1).

CHAPITRE V.

Les Associations devant la Loi.

En 1791, l'Assemblée Constituante édictait une prohibition rigoureuse des associations. C'est sous l'empire de cette législation que plus tard on inscrivit dans le Code pénal les articles suivants :

Art. 291. Toute association de plus de vingt personnes, dont le but sera de se réunir tous les jours, ou à certains jours marqués, pour s'occuper d'objets religieux, littéraires, politiques ou autres, ne pourra se former qu'avec l'agrément du gouvernement et sous les conditions qu'il plaira à l'autorité publique de prescrire à la société. Dans le nombre des personnes indiquées par le présent article ne sont pas comprises celles domiciliées dans la maison où l'association se réunit.

Art. 292. Toute association de la nature ci-dessus exprimée, qui sera formée sans autorisation ou qui, après l'avoir obtenue, aura enfreint les conditions à elles imposées, sera dissoute. Les chefs, directeurs ou administrateurs de l'association seront en outre punis d'une amende de 16 à 20 francs (Loi du 10 avril 1834).

Les dispositions de l'article 291 du Code pénal sont applicables aux associations de plus de vingt personnes, alors même que ces associations seraient partagées en sections d'un nombre moindre et qu'elles se réuniraient tous les jours ou à des jours marqués. L'autorisation donnée par le gouvernement est toujours révocable.

Quiconque fait partie d'une association non autorisée sera puni de deux mois à un an d'emprisonnement et de 50 à 1.000 fr. d'amende.

Seront considérés comme complices et punis comme tels ceux qui auront prêté ou loué sciemment leur maison ou appartement pour une ou plusieurs réunions d'une association non autorisée (Loi du 10 avril 1834).

---

(1) On trouvera des indications précieuses, sur l'organisation des retraites, dans le *Manuel* des retraites, par le R. P. Alet, s. j., Boulevard St-Germain, 262, Paris.

Les Patronages et les associations de jeunes gens au-dessous de 21 ans ne sont pas visés par cette loi. Ces œuvres ne sont donc sujettes à aucune déclaration, ni autorisation. Un patronage ayant été poursuivi par le Parquet comme constituant une association illicite, la Cour de cassation a jugé le 1er juillet 1887 : Que les prohibitions portées par la loi, contre les associations non autorisées, ne sont pas applicables au prêtre qui réunit des apprentis et des jeunes gens, soit dans sa chambre, soit dans une maison qu'il a louée, afin de les empêcher de fréquenter les cabarets en leur procurant gratuitement des divertissements et des jeux divers; alors surtout qu'il n'a existé aucun lien entre les personnes qui ont assisté à ces réunions et qu'il n'y avait ni règlement pour l'admission ou pour la non-admission à ces réunions, ni statuts, ni cotisations.

Dans son audience du 12 février 1892, le Conseil d'Etat a annulé l'arrêté du maire de Mouy (Oise), qui avait prohibé toute réunion du patronage St-Nicolas.

Cours d'adultes. — L'ouverture d'un cours privé pour les adultes et pour les apprentis est soumise aux conditions exigées pour l'ouverture d'une école privée, sauf dispense de tout ou partie de ces conditions par le conseil départemental (Loi du 30 octobre 1886).

Catéchismes. — On peut réunir autant d'enfants qu'on veut, sans aucune formalité, pour leur enseigner le catéchisme et l'histoire sainte.

Ouverture d'écoles libres ou de cours d'apprentis. — Les établissements d'enseignement primaire de tout ordre peuvent être *publics*, c'est-à-dire fondés et entretenus par l'Etat, les départements ou les communes; ou *privés*, c'est-à-dire fondés et entretenus par des particuliers ou des associations.

Nul ne peut être directeur ou adjoint chargé de classe dans une école primaire publique ou privée, s'il n'est Français et s'il ne remplit en outre les conditions de capacité fixées par la loi du 16 juin 1881 et les conditions d'âge établies par la même loi.

1° Etre pourvu du brevet de capacité (plus d'équivalence quelconque), exception pour les directeurs d'écoles publiques ou libres exerçant au 1er janvier 1881, en cette qualité, en vertu des équivalences prévues par la loi de 1850.

2° Avoir les conditions d'âge contenues dans l'article 7 de la loi du 30 octobre 1886, et ainsi énoncées:

Nul ne peut enseigner dans une école primaire de quelque degré que ce soit, avant l'âge de dix-huit ans pour les instituteurs et dix-sept ans pour les institutrices. Nul ne peut diriger une école avant l'âge de vingt-un ans. — Nul ne peut diriger une école primaire supérieure ou une école recevant des internes, avant l'âge de vingt-cinq ans révolus.

3° Tout instituteur qui veut ouvrir une école privée doit encore remplir les formalités suivantes:

Faire une déclaration en quatre exemplaires qui seront remis: 1° au Maire de l'endroit; 2° à M. le Préfet; 3° à M. le Procureur de l'arrondissement; 4° à M. l'Inspecteur d'académie.

Demander un récépissé de chacune de ces déclarations.

Pièces formant le dossier. — La déclaration remise à M. l'Inspecteur doit être accompagnée des pièces suivantes: 1° Acte de naissance de l'intéressé; 2° Titre de capacité; 3° Extrait du casier judiciaire; 4° Indication des lieux habités et des fonctions exercées pendant dix ans; 5° Plan du local scolaire; Copie des statuts de la congrégation si le déclarant est religieux; récépissé du Maire, du Procureur et du Préfet.

La copie des statuts n'est pas nécessaire dans le cas où, pour d'autres écoles, le dépôt en aurait été effectué à la Préfecture.

Réclamer à M. l'Inspecteur un récépissé de toutes ces pièces, la date de ce titre fixe le commencement du mois, à l'expiration duquel l'école est ouverte de plein droit.

Ecoles paroissiales. — D'après l'ordonnance du 27 février 1821 : « Lorsque dans les campagnes un curé ou desservant voudra se charger de former deux ou trois jeunes gens pour les petits séminaires, il devra en faire la déclaration au Recteur de l'Académie (1), qui veillera à ce que le nombre ne soit pas dépassé. Il ne paiera point de droit annuel et ses élèves seront exemptés de la rétribution universitaire. »

Cette disposition a été confirmée par la loi du 15 mars 1850, art. 66, et le nombre d'élèves que le curé peut recevoir a été porté à *quatre*.

Art. 66, loi du 15 mars 1850. ...Les ministres des différents cultes reconnus peuvent donner l'instruction secondaire à quatre jeunes gens au plus, destinés aux écoles ecclésiastiques sans être soumis aux prescriptions de la présente loi, à la condition d'en faire la déclaration au Recteur. Le Conseil académique veille à ce que ce nombre ne soit pas dépassé.

La loi du 15 mars 1850 n'a pas été abrogée, en ce qui concerne cette disposition de l'article 55, par aucune des lois postérieures qui ont eu pour objet la règlementation de l'enseignement.

---

(1) Aujourd'hui, par suite de modifications administratives survenues depuis 1850, ce n'est pas au Recteur qu'il faut faire la déclaration, mais à l'Inspecteur d'Académie résidant au chef-lieu du département.

Les Confréries, Congrégations d'Hommes, Tiers-Ordres, etc. etc., dont les réunions ont lieu dans une église ou chapelle autorisée, ne sont point interdites par la loi. Leur constitution est considérée comme un acte du culte ordinaire sous la juridiction concordataire.

Nous indiquerons les conditions légales pour l'établissement des cercles, des syndicats, des sociétés de secours mutuels, des caisses de famille et d'autres œuvres économiques, dans la deuxième partie, lorsque nous parlerons de chacune de ces institutions.

Sociétés civiles. — Les sociétés en commandite par actions, les sociétés anonymes et les sociétés coopératives sont réglées par la loi du 24 juillet 1867 (1).

Les sociétés anonymes peuvent se former sans l'autorisation du gouvernement. Elles pourront, quel que soit le nombre des associés, être formées par un acte sous-seing privé, fait en double original. Elles seront soumises aux dispositions des art. 29, 30, 32, 33, 34, et 36 du code de commerce et aux dispositions contenues dans le titre de la présente loi (24 j. 1867).

Afin de procurer des ressources aux associations on organise souvent *des loteries*, il sera utile de connaître la jurisprudence sur ce point. 1° On ne peut émettre des loteries sans autorisation (Loi du 21 mai 1836. Ordonnance du 29-1884).

Juridiction. — Jusqu'à 5.000 fr., arrêté rendu par le préfet sur la proposition du maire. Au dessus de 5.000 fr., arrêté ministériel. Forme de la demande: pétition sur papier timbré au préfet. La contravention à cette prohibition sera punie des peines

---

(1) Au moment où nous écrivons ces lignes, les Chambres s'occupent d'apporter certains changements à cette loi.

portées à l'article 410 du code pénal (Loi du 21 mai 1836).

Les *bazars* ou *ventes de bienfaisance* ne nécessitent aucune formalité.

Réunions. — Si nous ne pouvons organiser les hommes en associations, il nous reste encore un moyen de les atteindre par les réunions *privées* ou *publiques*.

Réunions privées. — Les réunions privées sont inviolables aux conditions suivantes : 1° que la réunion ait lieu dans un local clos et couvert et qu'il appartienne à celui qui est l'instigateur de la réunion, à titre de propriété, de location ou de prêt ; 2° qu'on n'y soit admis que sur convocation individuelle, envoyée au domicile de la personne invitée, avec une suscription portant le nom et l'adresse de cette personne ; 3° que le nombre des personnes admises ne dépasse pas notablement le chiffre des cartes envoyées.

Nota. — Un contrôle sévère doit être établi à la porte d'entrée, afin que personne ne s'introduise sans être muni d'une carte d'invité. Les assistants devront les conserver durant la réunion, afin qu'ils puissent les présenter en cas de réquisition de la part de l'autorité, qui peut s'assurer si les conditions légales ont été observées.

Réunions publiques. — Les réunions publiques sont libres (Loi du 30 juin 1881) aux conditions suivantes : 1° Déclaration indiquant le lieu, le jour et l'heure de la réunion (s'il s'agit d'une réunion électorale on doit l'indiquer). Cette déclaration doit être signée par deux personnes jouissant de leurs droits civils et politiques dont l'une domiciliée dans la commune. Les qualités et domicile des signataires devront suivre les noms. La déclaration est faite au préfet de police, à Paris, au préfet dans les Chefs-lieux de département, au sous-préfet dans les chefs-lieux d'arrondissement, dans les autres communes au Maire. Récépissé de la déclaration doit être immédiatement donné. En cas de refus, on peut faire constater ce refus soit par huissier, soit par deux citoyens domiciliés dans la commune.

Quand les réunions électorales publiques seront tenues dans la période comprise entre le décret ou l'arrêté de convocation des électeurs et la veille de l'élection inclusivement, elles pourront avoir lieu deux heures après la déclaration. En dehors de cette période les réunions ne peuvent avoir lieu que 24 heures après l'heure portée sur le récépissé.

2° Les réunions ne peuvent-être tenues sur la voie publique. Elles doivent être terminées à 11 h. du soir, sauf dans les villes, où les établissements publics ne sont pas fermés à cette heure-là ; elles doivent être terminées à l'heure où ces établissements n'ont plus l'autorisation de rester ouverts.

3° Chaque réunion doit avoir un bureau composé de trois personnes élues par l'assemblée ou désignées par les signataires de la déclaration. Ce bureau est responsable de l'ordre.

Un fonctionnaire de l'ordre administratif ou judiciaire peut être désigné par le préfet, le sous-préfet ou le maire pour assister à la réunion. il ne doit dissoudre la réunion que s'il en est requis par le bureau, ou s'il se produit des collisions ou des voies de fait.

Peines. — Toute infraction aux dispositions de la présente loi sera punie des peines de simple police, sans préjudice des poursuites pour crimes et délits qui pourraient être commis dans la réunion.

CHAPITRE VI.

Bureau diocésain.

Le bureau diocésain a pour but l'établissement, le développement et la direction des œuvres catholiques dans un diocèse. On appelle œuvres, tous les moyens efficaces de combattre le mal et de favoriser le bien.

Une des causes principales des maux que les catholiques subissent à l'heure actuelle provient de leur manque d'union et d'entente dans l'action. Il est temps de rompre avec l'individualisme et de concentrer nos forces. Le bureau diocésain, en servant de lien entre les diverses associations, en suscitant de nouvelles fondations et en soutenant les anciennes, double la puissance de l'action catholique.

Il y a deux formes différentes de bureau diocésain. La première se contente d'offrir aux bonnes volontés, qui se manifestent dans le clergé, les conseils et les secours de toute nature dont elles peuvent avoir besoin dans la direction et le développement de leurs œuvres.

La seconde crée une organisation pour tout le diocèse et l'impose avec autorité, sans distinction, à toutes les paroisses.

Dans le premier cas, c'est un bureau de bienfaisance ; dans le second, un bureau d'autorité.

Avec la première forme, il peut arriver qu'une partie seulement du diocèse soit évangélisée et christianisée, comme les circonstances le réclament. Avec la seconde, toutes les paroisses et tous les établissements religieux d'un diocèse, puis tous les diocèses et toute la France seront évangélisés également, se rechristianiseront et mériteront les bénédictions promises au règne de Dieu

Voici une ordonnance épiscopale qui nous donnera une juste idée de la constitution et du fonctionnement d'un bureau diocésain.

Nous...

Considérant qu'il est plus nécessaire que jamais à notre époque de favoriser la création et la diffusion des œuvres catholiques, et que l'un des moyens les plus efficaces pour cette fin est le bureau diocésain des œuvres ;

Avons ordonné et ordonnons ce qui suit :

I. — Le bureau diocésain des œuvres antérieurement fondé est rattaché à notre administration. Ses actes officiels auront le caractère d'actes administratifs.

II. — Le nombre de ses membres est porté à vingt, tant ecclésiastiques que laïques, tous nommés par nous.

III. — Il est présidé en notre nom par l'un de nos Vicaires généraux archidiacres, assisté d'un vice-président, de deux secrétaires et d'un trésorier, nommés aussi par nous.

IV. — Il se réunit à l'Évêché tous les quinze jours.

V. — L'ensemble des œuvres dont il doit s'occuper se répartit en trois sections :

1° Œuvres de foi, de prière et de persévérance ;

2° Œuvres d'enseignement, de presse et de propagande ;

3° Œuvres sociales et œuvres charitables.

VI. — Les membres du bureau se partagent entre ces trois sections, et nomment, pour chacune d'elles, un président et un secrétaire. Chaque président de section rend compte des travaux de sa section dans les réunions du bureau.

VII. — Nous ordonnons qu'il soit formé, dans chaque doyenné de notre diocèse, un bureau cantonal des œuvres. Ce bureau devra être établi pour la fin de février 1892 au plus tard.

VIII. — Le bureau cantonal sera organisé sur le modèle du bureau diocésain. Il sera installé en notre nom par un délégué du bureau central. Il se réunira chaque mois.

IX. — Les membres sont au moins au nombre de sept, dont quatre ecclésiastiques et trois laïques. Les membres ecclésiastiques seront élus par leurs confrères du doyenné ; les membres laïques nous seront présentés par les membres ecclésiastiques ; et tous, ecclésiastiques et laïques, seront nommés par nous.

X. — Le doyen est président de droit ; le bureau nomme son vice-président et son secrétaire. Celui-ci correspond avec les présidents de section du bureau diocésain.

XI. — Nous invitons les bureaux cantonaux à créer un Comité paroissial dans toutes les paroisses du doyenné où la chose sera possible, ou tout au moins à s'y assurer des correspondants.

XII. — Le bureau diocésain possède une caisse pour les œuvres. Elle est alimentée par les cotisations des membres, par des souscriptions et dons volontaires, et par les offrandes recueillies par un Comité de Dames patronnesses.

XIII. — Chaque année, il nous est fait un rapport sur les œuvres du bureau diocésain et des bureaux cantonaux et paroissiaux, soit dans l'assemblée des catholiques du diocèse, soit dans quelque réunion convoquée, suivant l'opportunité des circonstances.

XIV. — Le bureau diocésain adopte *la Semaine religieuse du diocèse* pour organe officiel de ses communications *relatives aux œuvres.*

Programme des travaux d'un bureau diocésain.

Ire Section.

Œuvres de foi, de prière et persévérance.

Œuvres du T. S. Sacrement. — Adoration nocturne et diurne. — Adoration par catégorie sociale. — Messes et communions réparatrices. — Messes spéciales pour tous les enfants des écoles etc. etc.

Œuvres du catéchisme. — Organisation des catéchismes volontaires — Catéchisme de persévérance. — Concours de catéchisme. — Conférences catéchistiques pour les hommes du monde. etc.

Pèlerinages. — Pèlerinage à un sanctuaire local — Moyens de les remettre en honneur. — Pèlerinages d'hommes.

Œuvres pontificales. — Revendication des droits du souverain Pontife. — Denier de St-Pierre.

Œuvres des retraites. — Retraites par catégories, retraites fermées

Œuvres militaires. — Messe et retraite de départ. — Lettres de recommandation.

Œuvres d'apostolat. — Apostolat de la prière. — Propagation de la foi. — Ste-enfance ; Œuvres de St-François-de-Sales, — de N. D. du salut, — de N. D. des Champs — de N. D. du travail.

Œuvres diverses. — Les tiers ordres. — Les confréries. — Les congrégations. — Les patronages. — La prière en commun dans les familles. — Lecture du St-Evangile. — La Vie des Saints. — Le Crucifix en honneur au foyer domestique. — Vocations. — Œuvres pour la conversion des protestants.

2e Section.

ŒUVRES D'ENSEIGNEMENT, DE PRESSE ET DE PROPAGANDE.

Enseignement supérieur. — Création des universités catholiques. — Ressources.

Enseignement secondaire. — Petits-Séminaires. — Collèges libres. — Programme des études. — Surveillance des livres classiques, des prix.

Enseignement primaire. — Les lois sur l'enseignement primaire ; nécessité de travailler à leur abrogation. — Organisation et érection des écoles libres. — Brevets libres. — Comité diocésain des écoles. — Comités locaux. — Recrutement des écoles.

Ecoles maternelles. — Secours aux enfants qui les fréquentent.

Presse et propagande. — Encouragements et concours à donner à la presse catholique du diocèse. — Moyens de combattre la mauvaise presse et d'empêcher sa propagande. — Réponses aux attaques contre le clergé et les institutions religieuses. — Le colportage des journaux, brochures, tracts, almanachs. — Conférences dans les villes et dans les campagnes.

Bibliothèques catholiques. — Association pour la propagation des bons livres. — Moyens de combattre les mauvais livres.

3me Section.

ŒUVRES SOCIALES ET CHARITABLES.

Œuvres sociales. — Cercles, — corporations, — syndicats: mixtes, patronaux, ouvriers, agricoles. — Leur but. — Leur organisation. — Les services qu'ils sont appelés à rendre. — Sociétés coopératives. — Banques populaires. — Bourses du travail.

Le socialisme. — Moyens de le combattre.

Le travail. — Interdiction du travail le dimanche, sauf les cas de nécessité. — Limitation des heures du travail. — Fixation d'un maximum qui ne pourra être dépassé qu'exceptionnellement.

Le capital; la spéculation; les valeurs mobilières; les jeux de bourse. Où commence l'abus.

Les salaires. — Détermination du taux des salaires, en prenant pour base l'estimation courante, et fixation d'un minimum, qui ne soit pas inférieur, à un salaire suffisant, pour permettre à un ouvrier sobre et honnête de pourvoir à ses besoins et à ceux de sa famille. — Protection du travail de l'ouvrier, chef de famille, contre les tentatives d'avilissement de salaire par l'emploi abusif des femmes et des enfants dans l'industrie. — L'hygiène et la sécurité des travailleurs.

Œuvres économiques. — Sociétés de secours mutuels. — Maisons de familles. — Fourneaux économiques. — Restaurants chrétiens. — Chauffoirs publics. — Caisse d'épargne. — Caisse de famille. — Assurance contre les accidents. — Assurance sur la vie. — Caisses de retraite. — Secrétariat du peuple. — Placements chrétiens.

Œuvres charitables. — Conférence de St-Vincent-de-Paul. — Œuvre de St-François-Régis. — Orphelinats et refuges. — Œuvres de réhabilitation.

DEUXIÈME PARTIE.

DES ASSOCIATIONS CHRÉTIENNES EN PARTICULIER

CHAPITRE Ier

Œuvres de Jeunes gens.

Qu'est-ce qu'une Œuvre de Jeunesse? — Une Œuvre de Jeunesse est une réunion pieuse d'enfants et de jeunes gens qui, dans leurs moments de loisir, se rassemblent pour se livrer à des jeux innocents, et sanctifier leur âme par les exercices de la piété chrétienne. *Jouer et prier*, c'est toute l'œuvre, telle que le vénérable M. l'abbé Allemand l'a conçue.

Dans un sens moins restreint, nous appelons Œuvre de Jeunesse, toute action auprès des jeunes gens, dans le but de les former à la piété et à la vertu. Ici, ce sera un groupement sous la forme de congrégation, de catéchisme de persévérance, de Société de St-Vincent-de-Paul; là, ce seront des exercices de chant, que l'on clôturera par une conférence religieuse. Ailleurs, ce ministère auprès des jeunes gens s'exercera par des instructions spéciales, adressées après les offices paroissiaux, à l'église ou au presbytère, etc., etc. Tout autant de moyens de faire connaissance avec les jeunes gens, de les diriger et d'exercer sur eux une action efficace. A chacun d'adopter, selon ses occupations, ses aptitudes et les milieux dans lesquels il vit, la méthode qu'il croira la plus féconde en heureux résultats. Toutes ces formes d'œuvres sont bonnes, pourvu qu'on arrive au but principal: *la sanctification des jeunes gens.*

Nécessité et avantages des Œuvres de Jeunesse. — L'impiété a fait des efforts inouïs pour arracher Dieu du cœur de l'enfant et pervertir la jeunesse. La famille n'est déjà plus ce sanctuaire privilégié où les enfants et les jeunes gens ne recevaient que de sages conseils, de bons exemples et de salutaires corrections. Aujourd'hui, ils n'y voient le plus souvent que de funestes exemples et n'y entendent que des paroles de doute ou de mépris, pour les mystères de notre sainte religion.

Après cela, comment s'étonner que la foi s'affaiblisse, que les grandes idées de Dieu, de la conscience, du devoir, disparaissent du cœur des jeunes générations? Comment s'étonner que la jeunesse déserte nos églises, s'éloigne du tribunal de la pénitence et ne s'approche qu'à de longs et rares intervalles de la Table sainte?

Heureusement, nous avons encore de nombreuses exceptions. Il est des parents qui veillent attentivement sur le dépôt précieux que l'Eglise leur a confié ; il se trouve des mères qui, par leurs douces et insinuantes paroles, forment leurs enfants à la pratique de la vertu. Mais pour ceux-ci même, que de dangers les attendent au-dehors, dans les lieux qui jadis étaient leur sauvegarde et dont l'impiété triomphante a fait son arme la plus puissante. Vous avez nommé les écoles. On a réussi à faire peser sur la France le joug odieux de l'instruction obligatoire laïque (1). Par cette dernière épithète, on

(1) Dans les écoles publiques de tout ordre, l'enseignement est exclusivement confié à un personnel laïque. (Art. 17. loi du 30 octobre 1886).

n'entend pas assurément une instruction donnée par des laïques chrétiens et catholiques, obéissant à l'Eglise, se faisant gloire de développer l'intelligence des enfants en vue de la fin dernière. Non, l'instruction laïque est celle qui fait abstraction complète de tout enseignement religieux. L'Evangile de Jésus-Chrisf est remplacé auprès des enfants par les principes de 89 ; le catéchisme, par le manuel civique ; l'histoire sainte, par les évènements mémorables de la révolution ; les vies des Saints, par les biographies de certains aventuriers politiques ; les cantiques religieux, par le chant de la *Marseillaise* ou du *Ça ira*.

Qui pourrait nous assurer qu'un jour on n'enseignera pas à ces pauvres enfants que le Sinaï est moins respectable que la tribune des députés, que Dieu n'existe pas, qu'il n'y a pas de vie future, ni âme, ni conscience? (1).

Quels ravages est appelé à produire un tel système d'éducation, alors surtout qu'on rend obligatoire la fréquentation de ces écoles. Certains fonctionnaires sont obligés d'y envoyer leurs enfants pour conserver leur morceau de pain. Dans un grand nombre de localités, surtout à la campa-

(1) On a présentes à la mémoire les [illegible]nges théories qu'en mai 1893, M. Aulard développait à la Sorbonne devant la jeunesse des écoles.

Quelques jours après, dans son numéro de juin, la *Revue pédagogique*, commentant le manifeste de M. Aulard, comparait l'Evangile de la déclaration des droits de l'homme et celui du chrétien, et les déclarait l'un et l'autre œuvres purement humaines, par conséquent imparfaites. Elle citait ensuite un long passage de M. Aulard contre la domination cléricale, et en finissant se félicitait des applaudissements qui avaient accueilli la conférence du trop bruyant professeur, car ils témoignaient d'un véritable réveil de la jeunesse. Or, cette revue reflète les idées de M. Buisson, directeur au ministère de l'Instruction publique.

gne, les écoles laïques sont les seules existantes.

Il faut donc placer à côté de ces écoles une institution nouvelle, c'est-à-dire des œuvres de jeunesse, afin de sauvegarder la foi et l'innocence des enfants. Dans ces pieux établissements, on leur facilitera l'assistance à la sainte Messe, la fréquentation des sacrements, et on leur donnera l'instruction religieuse qu'ils ne reçoivent plus dans les écoles laïques. « *A nouveaux besoins, nouveaux secours.* »

Ces patronages seront aussi très utiles dans les endroits où se trouvent des écoles libres catholiques, car les jours de congé et durant les vacances, elles serviront d'abri aux enfants et les préserveront d'une multitude de mauvaises occasions.

Œuvre du jeudi. — Des prêtres zélés ont obtenu de merveilleux résultats par l'œuvre du jeudi. Le matin, tous les enfants assistent à une messe. On adresse une courte instruction à ce jeune auditoire, on donne quelques avis pratiques. Dans les intervalles on chante des cantiques (1). Le soir, on réunit encore les enfants. Le temps est partagé entre les jeux, le catéchisme, le récit d'histoires édifiantes, des exercices de chant, etc.

La nécessité des œuvres de jeunesse s'impose particulièrement au sortir de l'école. Que d'ennemis le jeune chrétien va trouver sur sa route, à cet âge du premier réveil des passions, des surprises du cœur! Pourra-t-il résister aux entraînements

---

(1) Cette année, avec l'approbation et les encouragements de M. le Curé de la Cathédrale, nous avons inauguré à Mende cette *messe du jeudi*, pour le temps des vacances. Les enfants des écoles se sont rendus nombreux à notre appel. Les Chers Frères des Ecoles chrétiennes, toujours disposés à favoriser les œuvres de zèle, nous ont prêté leur précieux concours et ont bien voulu se charger de la surveillance.

d'un monde inconnu jusque-là? Aura-t-il le courage de ses pratiques et croyances religieuses, en face des sarcasmes, des propos licencieux, des blasphèmes ou des sourires moqueurs qu'il trouvera au chantier, à l'atelier ou au bureau. Pour ne point succomber, il aura besoin qu'une main amie le dirige, le soutienne et le protège. Tel est le but des œuvres de jeunesse.

Nous nous plaignons parfois, avec une profonde tristesse, que l'éducation chrétienne des jeunes années ne donne pas tous les résultats que nous en attendons. Bien souvent, c'est notre faute. Nous jetons de solides fondements, nous élevons les murs de l'édifice, mais nous négligeons de lui donner un couronnement. Sous l'action des mauvaises influences, les pierres se détachent et bientôt nous n'avons que des ruines. De même, si les enfants ne répondent pas à nos espérances, c'est que nous n'avons pas poursuivi, auprès de l'adolescent, l'éducation religieuse ébauchée auprès de l'enfant. En France, disait Pie IX, vous préparez bien les enfants à la première communion, mais après cela vous les abandonnez trop vite ; on ne fait pas assez pour la persévérance. Les œuvres de jeunesse sont destinées à être le complément de l'école catholique ; dans celle-ci, on forme des écoliers chrétiens; dans les patronages, on prépare des hommes chrétiens.

Je vous entends. nos jeunes gens n'ont qu'à suivre les exercices communs de l'église paroissiale. Mais les suivent-ils? Combien évitent à dessein d'assister aux messes où se donnent les sermons, où se font les catéchismes. Les prédications générales de la paroisse, où l'on s'adresse à des auditeurs mélangés, de tout âge et de toute condition, ne pouvant entrer facilement dans les détails particuliers et partant pratiques, passent le plus souvent par-dessus la tête du grand nombre de jeunes gens, sans pénétrer dans leur intelligence, ni dans leur cœur. De plus, dans les paroisses, les jeunes gens se perdent dans la masse commune ; il est difficile de les atteindre par les moyens ordinaires. Ne serait-il pas plus avantageux de former des réunions dans lesquelles ils recevraient des instructions appropriées à leur âge et en rapport avec leurs besoins? De mettre à leur disposition, si c'était possible, un local où ils trouveraient, en même temps que des jeux innocents et d'honnêtes distractions, une bonne compagnie? Ainsi on les éloignerait des milieux dans lesquels leur foi et leur vertu pourraient être exposées aux plus graves périls. Dans ces réunions intimes, le prêtre apparaissant ce qu'il est, le père et l'ami de la jeunesse, dissiperait beaucoup de préjugés, gagnerait la confiance et la sympathie des jeunes gens. En même temps, on serait agréable aux parents, qui sont toujours heureux de ce que l'on s'occupe de leurs enfants et qu'on les soulage en les gardant une partie de la journée.

Par notre surveillance et par nos bons avis, n'arriverions-nous qu'à empêcher *de commettre un seul péché mortel*, ce serait déjà un beau résultat.

« Afin d'obtenir et de développer à l'heure actuelle les semences salutaires de la foi, nous dit Léon XIII, il faut pourvoir à faire fleurir, croître en nombre, en harmonie et en fécondité, les associations dont la fin principale est de conserver et d'exciter le zèle de la foi chrétienne et des autres vertus, telles sont les associations des jeunes gens et d'ouvriers. »

Nos ennemis, levant le masque, ont pris soin de nous montrer l'efficacité des œuvres de jeunesse. Par l'école sans Dieu, ils essaient de nous arracher l'enfant. Mais cela ne suffit pas, ils craignent, non sans motifs, que des influences contraires ne le leur ravissent à l'époque décisive où la vie prend sa direction. Pour le fixer dans le mal, ils imaginent eux aussi des œuvres de jeunesse, dont on a pu lire le programme. Aux termes de ce programme, par l'attrait des jeux et par tous les moyens de séduire la jeunesse : bataillons scolaires, sociétés de tir et de gymnastique, fanfares, orphéons, etc., on s'emparera de l'adolescent à peine échappé de l'école ; on le conduira de la sorte jusqu'à sa vingtième année, c'est à-dire jusqu'à ce que le Christ soit irrévocablement chassé de son âme et que, parvenu à l'âge d'homme, il entre de plain-pied dans le mouvement anti-religieux et anti-social, auquel il donnera sa part de coopération.

Pieux laïques et nous, prêtres de Jésus-Christ, laisserons-nous ces âmes qui coûtent le sang d'un Dieu, les laisserons-nous entre les mains de leurs ennemis ? Permettrons-nous que cette jeunesse si pleine d'espérances devienne la proie du démon ?

Les poètes de l'antiquité nous montrent parfois des hommes perdus sur des rochers solitaires battus par les vagues des mers ; ils nous montrent ces pauvres délaissés, tendant, vers les navires qui passent, des mains suppliantes et jetant dans le bruit des flots ces lamentables paroles : « Au secours ! au secours ! Donnez la main au pauvre abandonné ! » Jetée par l'impiété triomphante sur un rocher aride et solitaire, l'enfance nous tend les bras et par la voix de ses bons anges, par les cris déchirants de l'Église, leur mère désolée, elle nous supplie de lui tendre une main secourable.

Répondre à cet appel touchant, c'est, je veux le proclamer bien haut, un devoir sacré pour tous ceux qui se glorifient de leur nom de prêtre, de chrétien, pour tous les hommes sages et prévoyants qui veulent assurer le repos des familles, la prospérité de la patrie et le triomphe de l'Eglise.

FONDATION ET DIRECTION D'UNE ŒUVRE DE JEUNESSE. — Vous êtes résolu à créer une œuvre de jeunesse. Réunissez sans bruit, sans annonce extérieure, trois ou quatre jeunes gens d'élite. Ce premier noyau devra être de choix; c'est le germe de l'œuvre et toute la suite en dépend. Ces jeunes gens doivent être pieux, intelligents, d'une nature franche et ouverte. Il importe beaucoup de les prendre parmi ceux qui, selon toutes les probabilités, sont destinés à passer leur vie dans la paroisse. Peu à peu, on porte le nombre à huit ou dix. Il n'est pas encore question d'un local commun à ce petit groupe d'enfants sérieux. On leur montre un but, qui est de se soutenir mutuellement, de s'aider, de s'instruire, de se distraire. La chambre du directeur est tout d'abord leur lieu de réunion. Par des conférences, des lectures, on réveille dans ces jeunes cœurs les plus nobles instincts, on développe de pieux sentiments, on montre la nécessité d'une bonne conscience, la fidélité aux principes religieux et aux pratiques chrétiennes. On fait diversion à la gravité de cette partie du programme par des jeux honnêtes. Les jeux les plus simples doivent avoir nos préférences, surtout ceux qui font prendre beaucoup d'exercice. Ces jeunes gens sont destinés à accueillir leurs camarades, à leur faire aimer l'œuvre, à les former à ses usages et à son esprit. Ils auront surtout pour mission de donner à leurs compagnons le bon exemple.

Pendant que nous constituons notre noyau, les demandes d'admission arrivent. On les accueille avec bonté, et on les ajourne jusqu'à ce que l'on puisse avoir une salle convenable, et que les premiers admis soient suffisamment préparés. Lorsqu'on peut compter sur eux et sur leur influence on leur donne des associés et l'on s'occupe du choix du local.

Si l'on tient à une règle écrite on peut s'en donner une, mais seulement après de longs mois d'expérience. Elle doit être large, très large. Une sévérité outrée serait damnable. Si la règle est trop précise on s'impose la nécessité de la violer. Le Patronage n'est pas une caserne, ni un séminaire.

Donnez à votre œuvre le véritable esprit de Jésus-Christ.

« Nous n'avons pas reçu l'esprit du monde, mais l'esprit de Dieu qui nous a été communiqué, afin que nous connaissions les dons que Dieu nous a faits. Aussi les connaissons-nous, ces dons ; et nous les annonçons, non pas avec les discours qu'enseigne la sagesse humaine, mais avec ceux qu'enseigne le Saint-Esprit, et selon les règles qu'il nous prescrit ; communiquant les choses spirituelles aux spirituels qui seuls en sont capables » (1).

Disons à nos enfants : « *Venite filii, audite me ; timorem Domini docebo vos.* Venez mes enfants, écoutez-moi, je vous enseignerai la crainte de Dieu » (Ps. 33, 11).

La fréquentation des sacrements est le *secret infaillible* et le moyen unique de faire vivre nos jeunes gens en état de grâce et d'assurer leur persévérance. Les jeux, les divertissements ne doivent être employés que comme moyens secondaires pour atteindre la fin unique, qui est « le

---

(1) Nos autem non spiritum hujus mundi accepimus, sed spiritum qui ex Deo est, ut sciamus quæ a Deo donata sunt nobis. Quæ et loquimur non in doctis humanæ sapientiæ Verbis, sed in doctrinâ Spiritûs spiritualibus, spiritualia comparantes *(1 Cor. II. 12).*

plus grand accroissement de la piété : *Ad majus pietatis incrementum* ». De cette piété dont le Saint-Esprit a dit être utile en toutes choses : *Pietas ad omnia utilis est.*

On pourrait faire un choix des jeunes gens les plus pieux et les organiser en congrégation, ou en Tiers-Ordre.

Le Directeur doit conserver une pleine autorité. Il lui faut des aides et non des égaux. Ces derniers tôt ou tard deviendraient ses supérieurs, car l'égalité n'est qu'une chimère. La multiplicité des chefs est un élément infaillible de ruine. Un directeur a d'autant plus d'activité et de prudence qu'il est plus responsable de ses actes, et que ses succès ou ses insuccès lui sont personnels.

La bonté est la plus belle et la plus précieuse qualité d'un père de jeunesse. Elle ne doit jamais aller jusqu'à la faiblesse et ne doit jamais disparaître pour faire place à cette sévérité qui croit tout raccommoder en brisant tout.

Combien de jeunes gens se raidissent contre un blâme rigoureux, tandis qu'ils se convertissent à des accents pleins de tendresse et à des reproches pleins de douceur. On doit avoir égard à leur âge. « Il ne faut ni rompre les cordes, ni quitter le « luth, dit St François de Sales, quand on s'aper« çoit du désaccord. Il faut prêter l'oreille pour « voir d'où vient le détraquement, et doucement, « tendre la corde ou la relâcher, selon que l'art le requiert. » Aux enfants, il faut en passer cent pour une, répétait souvent M. l'abbé Allemand.

Si nous devons être indulgent pour les mille sottises que peuvent commettre les enfants, nous devons être impitoyables contre le danger de la contagion, au point de vue de la foi et des mœurs.

Le Directeur doit se faire l'esclave de ses enfants, il doit leur être accessible à toute heure.

Par le froid, par la chaleur accablante, il doit être avec eux, partager leurs amusements. S'intéresser à tout ce qui les concerne. On doit les aimer non pas d'une tendresse banale mais d'une forte et pratique affection, travailler, parler, quêter pour eux. Choisir de concert avec la famille un état en rapport avec les goûts et les aptitudes de l'enfant comme avec la situation et les ressources des parents. Il faut se mettre en relation avec les patrons de nos jeunes gens, réagir contre la malheureuse tendance d'aller chercher du travail dans les villes. Il sera prudent de donner des lettres de recommandation à ceux qu'on ne peut retenir, de les adresser au directeur de quelque œuvre de jeunesse et de leur écrire de temps en temps.

Œuvre des bergers. — Parmi la jeunesse de nos paroisses rurales, la partie la plus délaissée, parce qu'elle est plus difficile à atteindre, est celle des *bergers*. Ils sont aussi les plus exposés, à cause de leur contact avec des personnes de mœurs plus qu'équivoques, du désœuvrement déplorable auquel ils sont condamnés, de la nécessité où ils se trouvent de vivre avec des familles parfois peu chrétiennes, ou bien encore à cause de leur ignorance pour les vérités de notre sainte religion.

Il faudrait suppléer à ce manque d'instruction par des catéchismes particuliers. On pourrait trouver des personnes qui, pendant les longues soirées de l'hiver, feraient réciter le catéchisme et en donneraient une explication sommaire. En certains points de l'Aveyron, de respectables dames réunissent à part les petits pâtres l'après-midi du dimanche, pour leur faire réciter le chapelet en commun et leur raconter quelque histoire édifiante.

Lorsque les parents débattent le prix de louage, ne pourraient-ils pas exiger que les enfants soient envoyés au catéchisme, surtout à l'époque de la première communion ou de la préparation au sacrement de confirmation?

L'oisiveté étant la cause de nombreux désordres pour beaucoup de bergers, tâchons de les en faire sortir, en leur procurant de bonnes lectures ou des travaux manuels compatibles avec les soins à donner au troupeau.

Œuvre des soldats. — De nos jours où tout le monde est soldat, il est nécessaire de préparer de loin les jeunes gens à la périlleuse épreuve de la vie militaire. Pour les protéger contre les dangers moraux de la caserne, nous indiquerons :

1° L'établissement de la confrérie de N.-D. des Armées.

2° Les retraites.

3° La célébration de la messe du départ, avec allocution spéciale et distribution du *Manuel du soldat chrétien*.

4° La remise à chaque conscrit d'une lettre de recommandation pour l'aumônier volontaire de la garnison à laquelle il est affecté. Il serait utile d'écrire aussi directement à cet aumônier pour lui faire connaître le jeune soldat (1).

5° La correspondance avec les soldats durera le temps qu'ils seront sous les drapeaux. Un moyen de procurer des entrevues entre les soldats et M. l'Aumônier, c'est d'adresser directement à ce der-

(1) On trouve la liste de MM. les Ecclésiastiques auxquels on peut les recommander au bureau central de l'Union des œuvres catholiques (rue de Verneuil, 32).

On peut aussi se procurer au même bureau, l'excellent opuscule : *De l'apostolat auprès des militaires*, par l'abbé H. Lucas-Championnière ; le *Manuel du soldat chrétien*, chez M. de Laval, aumônier du fort de Vincennes (Seine) ; prix avec reliure souple, 0 fr. 35, franco.

nier l'argent destiné au soldat. On lui épargne en même temps les frais de droit d'entrée que parfois les camarades exigent, lorsqu'ils apprennent qu'un de leurs amis a reçu de l'argent.

6° La fréquentation des maisons de famille ou des cercles de soldats.

7° Il sera bon de mettre entre leurs mains le *Manuel du soldat.*

8° Les revoir quand ils reviennent en permission, surtout quand ils retournent en congé définitif.

N'auriez-vous qu'un seul soldat dans votre paroisse, que vous devez l'aider à conserver ses sentiments religieux par ces divers moyens ou d'autres encore que votre zèle vous suggèrera.

Voilà certainement un rude ministère, où l'on rencontre plus d'épines que de roses; mais aussi qui oserait nier les splendides éléments de régénération sociale qui fermentent dans ces œuvres modestes, destinées à sauvegarder l'avenir partout où elles pourront s'établir sur des bases solides. Ceux qui se sentiraient au cœur le noble désir de s'engager dans cette voie et de créer des institutions de ce genre, trouveront dans les livres spéciaux écrits sur la matière de plus amples renseignements (1).

---

(1) Ouvrages à consulter: *Le Directeur de la Jeunesse* ou *La vie et l'esprit du serviteur de Dieu Jean-Joseph Allemand,* abbé Gaduel, vicaire général d'Orléans. — Lecoffre, rue Bonaparte, Paris. — 1 vol. in-12, 3 fr. 50.

Méthode de direction des œuvres de jeunesse, M. le chanoine Timon-David. — Marseille, boulevard de la Madeleine, 88. — 2 vol. in-12. Prix, 4 fr.

Petit manuel pour la fondation et la direction des patronages ruraux, abbé Leconte, vicaire général de Châlons. — Chez l'auteur, ou au Bureau de l'Union, 32, rue de Verneuil, Paris.

Instructions sur les patronages, abbé Combes, à Carcassonne.

Bulletin mensuel de la Commission des patronages, chez Bray et Retaux, Paris, rue Bonaparte, 82. — Un an, 1 fr. 50.

Jeux des adolescents, Balèze. — 2 fr. 50. — Paris, Hachette.

Catalogue complet des titres de pièces, chansonnettes, etc., pour les patronages. Chez M. Guillonneau, 77, rue du Bac, Paris.

CHAPITRE II.

Des Tiers-Ordres.

§ 1.

Tiers-Ordre séculier de Saint-François d'Assise.

Nature et origine. — Le Tiers-Ordre est une forme de vie, établie par saint François, pour donner aux personnes qui vivent dans le monde le moyen de faire plus sûrement leur salut, et de tendre à la perfection par la religieuse observance des préceptes et des conseils évangéliques.

Le Tiers-Ordre est ainsi nommé à cause des deux autres Ordres déjà fondés par saint François, à savoir: 1° Celui des Frères mineurs ou Franciscains (fondé en 1210), 2° celui des Clarisses (fondé en 1212). Le troisième Ordre se divise en deux branches. Le Tiers-Ordre *régulier* comprenant les membres qui vivent dans le cloître, et le Tiers-Ordre *séculier* qui se compose des personnes vivant au milieu du monde.

Dans le Tiers-Ordre séculier on peut distinguer trois classes de Tertiaires. 1° Ceux qui font le vœu de chasteté et portent extérieurement l'habit du Tiers-Ordre. Ces Tertiaires doivent être autorisés par l'Ordinaire du lieu et par les Supérieurs religieux. 2° Ceux qui vivent isolément et n'appartiennent à aucune Fraternité. Ils n'assistent pas aux assemblées, mais ils observent d'ailleurs en leur particulier les autres prescriptions de la Règle. Cet isolement est sans doute étranger à la Règle qui fait à *tous* l'invitation de se rendre à l'assemblée mensuelle; mais, lorsqu'ils ont des motifs légitimes, ils doivent être considérés comme de vrais Tertiaires. Dans cette catégorie sont comprises, par exemple, les personnes qui habitent un lieu où n'existe pas de Fraternité, celles qui, vivant près d'une Fraternité ont des raisons jugées légitimes par le Directeur local pour ne point en faire partie, les prêtres, par exemple, lorsqu'ils n'ont pas dans leur diocèse de *Fraternité ecclésiastique*, etc... 3° De la troisième classe sont ceux qui font partie d'une Fraternité canoniquement érigée.

FRATERNITÉS. — On appelle Fraternité la réunion en Société des Tertiaires dépendant d'un seul et même Directeur.

Les Fraternités sont constituées par l'autorité du Ministre général, du Provincial ou du Gardien, et c'est à eux que les Frères et les Sœurs de la Pénitence restent toujours soumis en ce qui concerne leur profession (1). Les Supérieurs gouvernent les Fraternités par l'intermédiaire de Religieux de l'Ordre appelés *Visiteurs*, et, dans les lieux où il n'y a pas de couvent de Religieux, ils peuvent en confier la direction à des prêtres séculiers, en leur délivrant un diplôme de *Directeur*. Ce diplôme leur confère le pouvoir d'admettre les fidèles à la Vêture, à la Profession, d'ériger la Fraternité, de présider les assemblées, etc.

Pour la fondation et l'érection d'une Fraternité, l'ordre et le mode des élections, on doit s'en

(1) L'Ordre des Frères-Mineurs se divise en trois branches ou familles : les Observants, les Conventuels, les Capucins. Léon XIII (Const. *Misericors*) ayant donné aux Religieux du Tiers-Ordre régulier, les mêmes pouvoirs qu'il accorde aux Religieux du Premier Ordre, il s'en suit que les Supérieurs de ces quatre familles peuvent instituer des Fraternités, lesquelles, après avoir obtenu l'assentiment de l'Ordinaire, à qui il appartient de désigner la chapelle ou l'église qui doit être le siège de l'Association, doivent être soumises à l'obédience des Supérieurs qui les ont instituées. Un Tertiaire est sous l'obédience de la famille qui l'a admis à la Profession.

tenir à ce qui est prescrit dans le Manuel du Tiers-Ordre et dans le Rituel (1).

Avantages du Tiers-Ordre. — Le premier bienfait du Tiers-Ordre, c'est d'arracher les âmes à l'isolement, et de leur assurer la force que l'on trouve dans l'Association chrétienne.

2e Le Tertiaire jouit de la protection spéciale de St-François d'Assise, l'ami chéri de Notre Seigneur.

3e En devenant membre de la famille Franciscaine, le Tertiaire entre par là même en participation de tous les biens spirituels qui composent comme le patrimoine de cette famille. Il participe par conséquent à toutes les messes, prières, offices, jeûnes, veilles, pénitences, disciplines et autres bonnes œuvres qui se font dans les deux premiers ordres.

4e Le Tertiaire pourrait jouir du privilège de la délivrance des flammes du Purgatoire, le jour de la mort de St-François, selon la promesse que Jésus-Christ lui en a faite sur l'Alverne, après l'impression des sacrés stigmates, etc., etc.

Le Tiers-Ordre est admirablement approprié aux besoins de notre époque : « De nos jours plus que jamais, dit Mgr de Ségur, le Tiers-Ordre de Saint-François doit être salué avec amour par les vrais enfants de Dieu ; il combat directement tous les maux qui nous ravagent. Dans l'encyclique *Humanum genus*, Léon XIII place la propagation du

---

(1) *Règle du Tiers-Ordre séculier de St-François*, confirmée et modifiée par Léon XIII. Broché, 0 fr. 80, franco, 1 fr. 10 ; cartonné en toile, 1 fr., franco, 1 fr. 35. — Chez Delhomme et Briguet, 3. avenue de l'Archevêché, Lyon.

Direction et visite des Fraternités, par le R. P. Jules, du Sacré-Cœur. — Chez les Religieuses Franciscaines, 38, rue de la Teste, à Bordeaux. Prix, 0 fr. 50.

Tiers-Ordre de St-François au nombre des principaux moyens à employer pour arrêter les ravages des sociétés secrètes.

Aussi le Saint-Père recommande-t-il à tous les Evêques de faire connaître, par eux-mêmes et par les prêtres qui, sous leur autorité, travaillent au bien des âmes, les avantages du Tiers-Ordre. Il invite instamment tous les fidèles à s'enrôler dans cette pieuse association : « Nous désirons depuis longtemps et de grand cœur que chacun s'applique autant qu'il peut à imiter Saint François d'Assise.... Nous avons toujours porté un intérêt particulier au Tiers-Ordre de Saint François... *Nous nous faisons gloire d'être inscrit dans la famille franciscaine... Nous exhortons les chrétiens à ne pas refuser de se faire inscrire dans cette sainte milice de Jésus-Christ.* On compte de tous côtés un grand nombre de personnes qui marchent avec ardeur sur les traces du Père Séraphique. *Nous louons et Nous approuvons vivement leur zèle, mais Nous voudrions le voir grandir et gagner un plus grand nombre d'âmes.* Mais nous recommandons par-dessus tout que ceux qui auront revêtu les insignes de la Pénitence aient sous les yeux l'image de leur très saint fondateur et s'attachent à lui comme à leur modèle. » (1)

Il y aurait un grand avantage à introduire le Tiers-Ordre dans les communautés religieuses, les Pensionnats, les Congrégations, les Patronages, les Cercles, les Corporations, etc. On répondrait ainsi au besoin qu'éprouvent certaines âmes d'élite d'accomplir quelque chose de plus parfait, et de suivre une règle plus sévère. De plus, les Tertiaires, par leur exemple, exerceraient une heu-

(1) Encyclique *Auspicato*, 17 septembre 1882.

reuse influence et exciteraient les autres membres de la communauté à la pratique des vertus chrétiennes. Au Val-des-Bois, M. Léon Harmel a établi dans son usine une Fraternité du Tiers-Ordre. « Nous ne saurions dire, écrit cet excellent chré-« tien, quels fruits nous avons retirés du Tiers-« Ordre ; nous comprenons la parole du saint Curé « d'Ars, qui regardait cette institution comme un « des plus puissants moyens de raviver la foi parmi « les populations, d'y encourager la piété et d'y « ranimer la charité dans les cœurs. »

ENTRÉE DANS LE TIERS-ORDRE. — S'il existe une maison de Franciscains dans la ville que l'on habite, on se présentera au Supérieur à qui l'on déclinera ses nom et prénoms, puis on lui demandera le saint habit (dont le signe est le *scapulaire* et le *cordon*) (1).

Ces simples formalités remplies, on peut être admis à commencer son *noviciat*, qui doit durer un an. Après l'année révolue, si l'on a bien observé la règle, on est admis à faire *profession*, car le Tiers-Ordre n'est pas une simple association, ni une confrérie, mais un *ordre véritable*, ayant sa règle spéciale approuvée par le St-Siège.

---

(1) Le *cordon* séraphique. Son origine. — Un grand chapitre devait se tenir à Pérouse. François d'Assise s'y rendit et s'y rencontra avec saint Dominique qui, de son côté, y était venu pour les affaires des Frères-Prêcheurs. Il fut un instant question de fondre en un seul les deux ordres naissants. Saint François ayant cru préférable de s'en tenir à l'union fraternelle qui animait déjà les deux fondateurs. Saint Dominique lui demanda, en signe de cette union, de lui donner au moins le pauvre cordon à trois nœuds, qui ceignait son très pauvre vêtement : « Je le porterai toujours sous ma robe blanche, dit-il, en mémoire de vous. »

Ce fut là l'origine de cette dévotion, qui se répandit bientôt de toutes parts et que l'on appelle aujourd'hui le *cordon franciscain* ou *séraphique*.

Il ne faudrait pas, en effet, confondre le Tiers-Ordre avec les congrégations ordinaires. Le Tiers-Ordre est un degré réel ajouté au simple christianisme. C'est un état particulier de perfection, qui fait monter le chrétien du siècle à côté du religieux, qui *le rend même religieux jusqu'à un certain point*, selon l'expression de Benoît XIII, puisqu'il lui fait professer une règle approuvée par l'Eglise, et qu'il le fait marcher dans la voie des conseils évangéliques, sous la direction des supérieurs légitimes.

Nota. — S'il n'y a pas de couvents de Franciscains à proximité, on s'adresse à un Prêtre séculier ayant reçu du Supérieur de l'Ordre les pouvoirs et les délégations nécessaires.

CONDITIONS D'ADMISSION. — On ne peut être reçu dans le Tiers-Ordre séculier avant l'âge de 14 ans.

Les autres conditions requises sont: les bonnes mœurs; un caractère ami de la paix et de la concorde; une réputation intacte; une obéissance éprouvée envers l'Eglise romaine et le Saint-Siège. Pour une femme mariée, il faut de plus le consentement de son mari.

RÉSUMÉ DES PRATIQUES DU TIERS-ORDRE.

D'après la Constitution *Misericors Dei Filius* du 30 mai 1883.

I. — *En tout temps :* 1. Observer les commandements de Dieu et de l'Église ;

2. Porter le petit scapulaire et le cordon ;

3. Eviter le luxe, garder la modestie et la simplicité ;

4. Fuir les bals, les spectacles dangereux, les repas licencieux ;

5. S'abstenir des excès de table, de tout serment non nécessaire, de toute parole inconvenante ;

6. Ne jamais lire de mauvais livres, les bannir de sa demeure, en interdire la lecture à ses subordonnés.

7. Donner le bon exemple dans sa famille, s'appliquer aux exercices de piété et aux bonnes œuvres ;

8. Maintenir la paix et la charité, s'efforcer d'apaiser les discordes.

II. — *Chaque jour :* 1. Assister à la sainte Messe, autant que possible ;

2. Réciter l'Office divin ou le petit Office de la Ste-Vierge, ou bien 12 *Pater*, *Ave* et *Gloria ;*

3. S'examiner le soir sur les manquements commis et en demander pardon à Dieu.

4. Invoquer Dieu avant et après le repas.

III. — *Chaque mois :* 1. Se confesser et communier ;

2. Assister aux assemblées mensuelles et faire l'aumône d'usage.

IV. — *Circonstances particulières :* 1. Jeûner la veille de la fête de Saint François (3 octobre) et de la fête de l'Immaculée-Conception (7 décembre) ;

Il est louable de faire abstinence le mercredi et de jeûner le vendredi, selon l'ancienne discipline : mais la règle ne le prescrit pas.

2. Faire son testament en temps utile ;

3. Assister aux obsèques des confrères défunts ; réciter pour eux le chapelet et communier à leur intention ;

4. Accepter les charges et les exercer avec zèle ;

5. Assister à l'Assemblée convoquée par le Visiteur et se soumettre aux satisfactions qu'il prescrit.

La règle du Tiers-Ordre n'oblige pas sous peine de péché, même véniel.

L'esprit du Tiers-Ordre est un esprit de pénitence, d'humilité et de charité, à l'égard de Dieu et à l'égard du prochain.

INDULGENCES.

Plénière, le jour de leur *réception* (sous les conditions ordinaires de confession et de communion) ; le jour de leur *profession* dans l'Ordre ; — le 4 octobre (Fête de saint François) ; le 2 août (Fête de N.-D. des Anges) ; le 12 août (Fête de sainte Claire, 1re abbesse du second Ordre).

Absolution générale à neuf Fêtes : Noël, Pâques, la Pentecôte, du Sacré-Cœur, de l'Immaculée Conception, de saint Joseph (19 mars), de saint Louis (25 août), des Stigmates de saint François (17 septembre), de sainte Elisabeth de Hongrie (19 novembre).

Bénédiction papale, avec Indulgence *plénière*, deux fois par an, à la condition de prier pour le Souverain-Pontife.

Privilèges. — Les Prêtres Tertiaires célébrant à n'importe quel autel, jouissent personnellement de la faveur de l'*autel privilégié*.

trois jours quelconques de chaque semaine (avec permission de se servir du *Missel* et du *bréviaire* franciscain).

Lorsqu'un de ces mêmes prêtres offrira le saint Sacrifice pour l'âme d'un Associé défunt, l'autel sera pour lui, en quelque lieu que ce soit, *privilégié*.

§ II.

Tiers-Ordre de Saint-Dominique.

NATURE ET ORIGINE. — La famille Dominicaine se compose de trois grandes branches, qui sont comme trois rameaux d'un même arbre.

La première comprend les religieux qui, sous le nom de Frères Prêcheurs, consacrent leur vie à la prédication et à la défense des vérités de la foi. La seconde branche comprend les religieuses qui vivent dans le cloître. Enfin vient le Tiers-Ordre, fondé au commencement du XIIIe siècle. A cette époque, l'Eglise était violemment persécutée. Les autels étaient renversés, les prêtres massacrés, les fidèles devaient choisir entre la mort ou l'apostasie. Pour défendre la foi et la sainte Eglise, saint Dominique institua une association à laquelle il donna le nom de *Milice de Jésus-Christ*. Elle se composait d'hommes vivant dans le siècle. Ils s'engageaient à défendre le règne de Jésus-Christ et les libertés de sa glorieuse épouse, la sainte Eglise. Les femmes étaient admises dans cette milice sacrée, elles y prenaient la part que leur permettait leur sexe, et concouraient, elles aussi, au bien de l'Association, par leurs prières, leurs aumônes et leurs autres bonnes œuvres. Telle fut l'origine et la forme première du Tiers-Ordre.

Lorsque la persécution eut cessé et que cette vie militante put prendre fin, l'association demeura consacrée aux combats et aux progrès de l'homme spirituel, sous le nom qui lui est resté de Tiers-Ordre de Saint-Dominique.

Il y a des Tertiaires menant la vie religieuse en communauté, sous la règle du Tiers-Ordre, avec les trois vœux de pauvreté,chasteté et obéissance ; c'est ce qu'on appelle le Tiers-Ordre *régulier*. Le Tiers-Ordre *séculier* comprend les personnes qui, sans vœux même simples, en suivent la règle au milieu du monde. Ils peuvent appartenir à des Fraternités ou être des Tertiaires isolés.

Les règles du troisième Ordre de Saint-Dominique ont été approuvées par plusieurs Souverains Pontifes: Grégoire IX, Innocent VII, Eugène IV, etc. Le Tertiaire Dominicain fait partie intégrante de l'Ordre des Frères Prêcheurs.

Conditions d'admission. — La Règle demande une grande prudence dans le choix des sujets. « Nous voulons et ordonnons qu'aucun membre ne soit admis qu'après une exacte information de sa conduite, de ses mœurs, de sa réputation, de la pureté de sa foi, et même du zèle avec lequel, comme un véritable enfant de saint Dominique, il se montre jaloux de propager et de défendre, dans la mesure de ses forces, la vérité de la foi catholique. »

La durée du noviciat est régulièrement d'une année. Mais dès le moment de leur prise d'habit, les novices participent à toutes les indulgences et privilèges de l'Ordre (Pie VII, encycl. 6 juil. 1806).

Principales obligations. — Observer la règle de la modestie dans la toilette et la conversation. — S'abstenir des bals, des spectacles dangereux. Observer la frugalité dans les repas.

Jeûner au moins tous les premiers vendredis du mois, ou faire commuer, pour un motif raisonnable, ces jeûnes en d'autres œuvres.

Communier aux quatre fêtes de Pâques, de Noël, de la Pentecôte, de l'Assomption.

Réciter tous les jours l'office ou 28 *Pater* ou *Ave* pour Matines; 7 *Pater* ou *Ave* pour chacune des autres heures; 14 *Pater* et *Ave* pour Vêpres.

Les ecclésiastiques satisfont à cette obligation en récitant l'Office divin.

Sommaire des principales indulgences.

Les Tertiaires peuvent gagner une indulgence plénière aux conditions ordinaires :

1° Le jour de la vêture et de la profession.

2° Chaque fois qu'ils récitent l'Office des Morts ou les sept Psaumes de la Pénitence, ou les Psaumes graduels pour le soulagement des âmes du purgatoire.

3° Par la récitation du chapelet et de plus cinq *Pater, Ave Maria* et *Gloria Patri*, devant le saint Sacrement.

4° Tous les dimanches de l'année et aux fêtes de Notre-Seigneur et de la Sainte-Vierge, les Tertiaires peuvent gagner une indulgence plénière pour les défunts en se confessant, communiant, visitant une église et y priant selon les intentions du Souverain Pontife.

5° Chaque fois qu'ils font la sainte communion (Léon X).

Quatre fois par an, aux jours de leur choix, les Tertiaires peuvent recevoir, de tout confesseur, l'absolution plénière et la bénédiction papale (1).

Nota. — Il y a encore d'autres Tiers-Ordres : Le Tiers-Ordre de Marie, établi, en 1832, à Lyon, par les RR. PP. Maristes, et ceux des Augustins, des Carmes et des Servites. Nous avons cru qu'il suffisait de parler des deux principaux.

Appendice.

Conditions pour gagner les indulgences.

Les indulgences sont la remise des peines temporelles dues au péché.

---

(1) Consulter le *Petit manuel du Tiers-Ordre de Saint-Dominique*, par le R. P. Mathieu-Joseph Rousset. — Librairie Poussielgue, rue Cassette, 27, Paris.

L'indulgence *plénière* est la remise totale de toutes ces peines ; de telle sorte que celui qui mourrait après avoir entièrement gagné une indulgence plénière, irait droit au ciel sans passer par le purgatoire.

L'indulgence partielle est la remise d'une partie seulement de ces peines. Elle peut être d'un certain nombre de jours ou d'années.

Pour gagner les indulgences, il faut : 1° être en état de grâce et avoir un sincère regret de ses péchés ; 2° avoir la volonté de les gagner : une intention générale peut suffire ; 3° accomplir exactement les œuvres prescrites ; une omission même involontaire empêche l'application de l'indulgence.

Les *conditions ordinaires* pour gagner une indulgence plénière sont au nombre de trois : la confession, la communion, la récitation de quelques prières aux intentions de l'Église, cinq *Pater* et *Ave*, par exemple, ou quelque autre prière équivalente. Assez souvent encore est requise la visite d'une église : c'est alors dans cette visite qu'il faut réciter les prières dont nous venons de parler.

Les personnes qui ont l'habitude de se confesser une fois la semaine, sauf empêchement légitime, peuvent gagner toutes les indulgences qui se rencontrent d'une confession à l'autre, pourvu qu'elles n'aient pas commis de péchés mortels depuis la dernière confession. On excepte l'indulgence du jubilé.

Dans quelques diocèses, les évêques ont obtenu un indult particulier, en vertu duquel il suffit d'avoir l'habitude de se confesser tous les quinze jours, pour jouir de ce privilège.

Quand la solennité d'une fête est transférée, l'indulgence est aussi renvoyée.

Un décret du 29 mai 1841 déclare qu'une seule et même communion suffit pour gagner, le même jour, plusieurs indulgences plénières, quand même la communion serait prescrite pour chacune d'elles. Mais il faut, pour les autres conditions, les prières, par exemple, les réitérer autant de fois qu'il y a d'indulgences plénières pour lesquelles elles sont prescrites. On peut les réciter alternativement avec d'autres personnes.

CHAPITRE III.

Confréries et Congrégations.

On donne le nom de Confrérie, du latin *Confraternitas*, à une association religieuse *appliquée à la sauvegarde et au développement des intérêts spirituels*. Quand elle donne naissance à d'autres *confréries* qui y sont agrégées, elle prend le nom d'*Archiconfrérie*.

Nous ne reviendrons pas sur les avantages des confréries, nos lecteurs ont pu les lire dans la première partie de cet ouvrage. Nous préférons mettre sous leurs yeux la monographie de l'une de ces sociétés pieuses.

Cette histoire nous apprendra avec quel soin nos pères s'attachaient à faire couler à flots la vie surnaturelle dans leurs institutions. Elle nous révèlera des actes admirables de vertus, qui seront comme des témoignages irrécusables en faveur des bienfaits des associations.

Monographie de la Confrérie des Pénitents blancs de Mende.

Cette Confrérie remonte à 1626. Elle fut fondée par le R. P. Molusson, prieur du couvent des capucins de cette ville. Ce fils de St François en rédigea les statuts, les fit approuver par Mgr Duplessis de la Mothe-Audincourt, alors évêque de Mende, et remplit le premier l'office de recteur de 1626 à 1641. Quelques mois après son érection, en novembre 1627, la Confrérie fut enrichie de nombreuses indulgences par un bref du Pape Urbain VIII. Le texte de ce document précieux est encore conservé dans les archives.

En 1650, l'association ayant pris un certain développement, le Conseil de la Confrérie décida la construction d'une chapelle. Mgr de Marcillac, évêque et gouverneur de la ville de Mende, donna l'emplacement, plus une somme de 700 livres. Les consuls et conseillers de la ville, réunis en corps et communauté (27 octobre 1653), exonérèrent le terrain de tout impôt, par la raison que le lieu était destiné au service de Dieu. Sa Grandeur vint poser lui-même la première pierre de l'édifice. Les travaux de construction, commencés en 1653, furent activement poussés. Les souscriptions des membres de la Confrérie, les largesses de quelques âmes pieuses et un emprunt de mille livres fournirent les sommes nécessaires, et, en peu de temps, la chapelle se trouva édifiée.

Elle fut consacrée par Mgr Serroni, évêque de Mende, assisté du chapitre de la cathédrale et du clergé de la ville. Monseigneur fut reçu sur le seuil de la chapelle par M. Lenoir, juge, alors recteur de la Compagnie, entouré de cent cinquante confrères. Voici le texte de la harangue adressée en cette occasion à Sa Grandeur :

« Monseigneur,

« L'affaire la plus importante des chrétiens est celle du salut. Cette connaissance nous a assemblés en ce lieu pour penser à notre dernière fin, et pour nous rendre tels que nous voudrions être à l'heure de la mort.

« Ce sac qui doit pourrir avec notre chair, le cercueil et la croix que nous avons toujours devant les yeux, nous exciteront à pleurer nos péchés passés, avec résolution de ne plus les commettre. Nous y serons sous la protection de la Sainte Vierge et dans l'obéissance très soumise à tous les ordres de Votre Grandeur, qui aura la bonté de nous donner les instructions nécessaires pour nous rendre de véritables pénitents.

« Et pour y parvenir, nous vous supplions, Monseigneur, de demander à Dieu, en ce premier sacrifice, que vous venez célébrer en cette chapelle, qu'il nous accorde la grâce de faire des fruits dignes de pénitence et d'être vos imitateurs, comme vous l'êtes de Jésus-Christ. »

Dans ces quelques lignes, nous voyons indiqués les principaux buts de l'associtiоn : honorer la Vierge Marie et se préparer à une bonne mort par la pénitence.

Grâce aux perfectionnements successifs qu'elle avait reçus et aux diverses dépendances dont elle s'était accrue, la chapelle pouvait, en 1790, suffire à tous les besoins de la Confrérie et à toutes les exigences du service religieux. Peu à peu l'intérieur s'était embelli de décorations et de tableaux ayant une réelle valeur artistique. La sacristie recélait, pour les grandes fêtes et les belles cérémonies, des ornements magnifiquement brodés et des vases sacrés d'une riche ciselure. Les dépenses de toutes sortes étaient amplement couvertes par le revenu d'un capital de 25.000 francs provenant de dons ou de legs faits à la Confrérie.

Parallèlement à cet accroissement de la prospérité matérielle, on avait vu se produire une remarquable extension de la communauté elle-même. La foi si vive et les traditions si fortement chrétiennes de la ville de Mende offraient un terrain on ne peut plus favorable à son développement.

Les frères et les sœurs se recrutaient dans toutes les classes de la société. La noblesse et la bourgeoisie fournissaient leur contingent aussi bien que le peuple. Et les notables de la ville ne dédaignaient pas de paraître revêtus de la robe de la pénitence, à côté de l'humble artisan. Les archives nous ont conservé quelques noms que nous sommes heureux de publier (1).

---

(1) Dans la noblesse, nous trouvons : MM. Urbain de Cultures, — Dumas de Colange, — le Pélegrin, seigneur de la Liquière, — Marquis de Lortes, — d'Aune de Châteauneuf, baron du Tournel, — Rachas de la Souchère, seigneur de St-Laurans, — de Gibrat, — Randon de Géraldès, — Bonnel de la Bragousse, — de Chaumeilles, etc...

Parmi les gens de robe, sont mentionnés : MM. Lenoir, juge,

Il n'y avait pas, à Mende, une seule famille qui n'eût un point d'attache à la Confrérie par quelqu'un de ses membres. Parfois les familles entières étaient enrôlées. Le fils recevait de son père, comme une partie de son patrimoine, l'habit de confrère qu'il portait à son tour et transmettait à ses enfants. L'institution était pour ainsi dire entrée dans les mœurs et les traditions de la cité, où elle jouissait d'une grande popularité. Les frères et les sœurs y tenaient comme à quelque chose de la famille. Ils auraient fait pour elle tous les sacrifices.

Esprit de la Confrérie.

Le respect de la sainte hiérarchie, une dépendance absolue de l'autorité ecclésiastique étaient la note caractéristique de la Confrérie. Les titres conservés dans les archives, surtout les actes importants de l'association nous montrent les confrères pénétrés de ce sentiment. Les recteurs dans leur prise de possession ou dans les circonstances solennelles, les confrères dans toutes les manifestations de leur vie sociale, s'appuient sur l'évêque, s'éclairent de ses conseils, se confient à sa direction. L'évêque à son tour les visite, les encourage, les protège, porte son offrande à leur trésor, et les regarde comme des auxiliaires précieux.

L'esprit de la Congrégation est l'*esprit de charité* qui est l'âme de l'Eglise. C'est une famille. En feuilletant la liste déjà longue des *Recteurs*, on a

---

— Antoine Destrictis, docteur en droit, — Valentin, avocat, — Bachas, conseiller du roi et juge, — Colson, juge, etc., etc.

Les hauts dignitaires du clergé, des vicaires généraux et des chanoines, se faisaient recevoir de la société. Dans les archives, nous relevons les noms de Mgr de Marcillac et de MM. Louis, vicaire général, — de Bessière, chanoine de la cathédrale, — Saltel, curé, — François Montialoux, prêtre, — Cruveiller, prêtre, — Charles de Savine, vicaire général, — de Bruges, vicaire général, — Bonnel, vicaire général.

de suite une idée de l'esprit de fraternité chrétienne qui souffle la vie à l'association. Quelquefois c'est un noble qui est appelé à ces fonctions, d'autre fois, un modeste ouvrier. On y compte des évêques, souvent le curé de la paroisse, des religieux, des chanoines, des artisans, des industriels, des magistrats. Une preuve de plus que la véritable démocratie est dans l'Eglise (1).

Divers procès-verbaux sont un témoignage du soin qu'avait l'association *pour l'honneur de ses membres*.

Un membre de l'association, par suite de dissensions de famille, est à ce point oublieux de ses devoirs, qu'il refuse de voir sa mère qui l'appelle à son lit de mort: il est sévèrement admonesté par les officiers de la Confrérie et son nom est rayé des listes. Le coupable, poursuivi par le remords, revient au sentiment du devoir, ferme pieusement les yeux de sa mère, et demande avec instance que le passé soit oublié et que ses droits lui soient rendus.

Les supérieurs donnent un grand exemple de fermeté et de discipline; l'insubordonné est soumis à une pénitence; on lui impose de demander pardon à genoux de ses fautes; pour donner la preuve de la sincérité de son repentir, il doit se confesser et faire la communion en présence de

---

(1) Le P. de Molusson, fondateur en 1626, est capucin; Combe, recteur en 1635, signe docteur en droit; Etienne Harlé (1650), est bourgeois; Lenoir (1657), est juge; en 1665, le recteur est Charles de Rivière, seigneur de Villeneuve; Daudé (1682), est docteur et adjoint de la ville; Bachas (1702), est conseiller du roi; Oziol (1720) est conseiller du roi; Danglas (1746) est avocat au parlement; Bonnel (1748), Touzellier (1761), sont du peuple; Monteils (1820) est négociant; André (1852) est greffier du tribunal; Plagnes est notaire; Vors, curé de la Cathédrale; Comandré (1864) est négociant.

toute la communauté; son nom est réintégré dans les listes.

Deux confrères soupçonnés de faux témoignages sont convoqués devant les dignitaires, convaincus et chassés.

Un membre de la confrérie est frappé d'exclusion, pour l'inconduite manifeste d'une personne sur laquelle il avait toute autorité (1).

De qu'elle influence devait être sur la morale publique cette salutaire fermeté qui maintenait ainsi, dans l'esprit du devoir, une association qui, en moyenne, comptait 700 membres, et en a eu jusqu'à quinze cents.

On peut juger de l'*esprit de prière* de l'association par les nombreux exercices pieux que la règle prescrit. (*Voir Statuts, art. 6, 8 et 11*).

La charité des confrères ne se bornait pas aux soins spirituels et matériels, dont chacun d'eux bénéficiait (2); elle s'étendait au dehors, et dans des heures de crise, aux époques de grande épidémie, ils donnèrent des preuves du plus généreux dévouement. Pendant la terrible peste de 1721, au milieu de la désolation générale, ils se consacrè-

---

(1) Registre des procès-verbaux, n° 1, pages 27 et 40.

(2) Il semble que les confréries de Pénitents se soient attachées d'une manière spéciale à soulager le prochain et en particulier les membres de leur association. Voici ce que nous lisons dans un mémoire adressé, en 1781, par les Pénitents de Limoges à Monsieur Amelot, secrétaire d'Etat : « *Parmi nous, la religion ne se borne pas au culte extérieur. La principale des vertus chrétiennes, la charité, y répand des bienfaits journaliers et parmi les Pénitents, comme chez les premiers chrétiens, il n'y a point de pauvres, du moins de pauvres souffrants, et jamais il n'y en aura tant qu'il y aura de riches.* »

Nous recommandons ces dernières paroles aux détracteurs de l'ancien régime, à ceux qui croient ou affectent de croire qu'avant 1789, il n'y avait en France qu'une vile multitude travaillant au profit de quelques nobles et de quelques prêtres.

rent au soin des malades, et rendirent à la ville les plus signalés services.

Une des œuvres les plus en faveur parmi les zélés confrères, c'était l'assistance des malheureux condamnés au dernier supplice. Le P. Louvreleuil rapporte à ce sujet une anecdote extrêmement curieuse et qui mérite d'être recueillie.

Durant les guerres de religion, deux individus protestants furent saisis au massacre de Fraissinet-de-Fourques. L'un d'eux mourut obstiné. L'autre, qui était un jeune homme de trente ans, d'une physionomie très douce, ouvrit les yeux de son esprit et de son cœur aux vertus de notre sainte religion; et Dieu qui l'avait conduit aux portes de la mort l'en retira par un coup singulier de sa Providence miséricordieuse. Sa conversion excita les Pénitents blancs de Mende à se trouver à son supplice pour avoir soin de ses funérailles. Après que l'exécuteur eut fait sa fonction et s'en fut allé, un de ces pieux confrères monta sur l'échelle et coupa la corde.

On étendit le corps dans le cercueil, on le couvrit d'un drap mortuaire, on le porta au cimetière des pendus, avec les cérémonies accoutumées; mais comme on voulut le prendre pour l'enterrer, il ouvrit les yeux et la bouche et poussa un soupir. Aussitôt un chirurgien qui était au convoi lui tira du sang. Cette saignée le remit. Il parla et demanda son confesseur. Le R. P. Chabert, prêtre de notre congrégation (c'est Louvreleuil qui parle), se rendit en diligence auprès de lui, et par son conseil, qui fut conforme à celui des principaux d'entre les Pénitents, on le porta au couvent des RR. PP. Cordeliers qui lui donnèrent de l'eau-de-vie, du linge blanc et un lit.

La nouvelle de cette merveille s'étant répandue dans la ville, M. de St-Germain, prévôt de la maréchaussée, crut qu'il devait encore se saisir de ce supplicié, mais pendant qu'il assemblait ses archers et se mettait en état d'aller l'arrêter, on ferma les portes et le patient eut le temps de se réfugier, à la faveur de la nuit, en un lieu de sûreté secrète, dans une métairie, avec le secours de deux personnes charitables.

Le R. P. Chabert, averti des bonnes intentions que tout le monde faisait paraître pour ce malheureux ou plutôt pour ce fortuné prévenu, fit une quête pour lui, et dans une heure, il trouva une cinquantaine d'écus, outre quelques vêtements. Le nom de cet invididu était Antoine Agulhon, qu'il changea en celui de Jean Sauvé.

Au moment où la Confrérie avait atteint ce haut degré de prospérité, la communauté des Pénitents allait être emportée par la tourmente de 1789. Dans les choses humaines, il arrive quelquefois que la prospérité touche à l'extrême misère.

Au mois d'août 1790, la Confrérie subit les premières atteintes de l'orage révolutionnaire. Les membres du Directoire demandent que la chapelle soit désaffectée du culte pour devenir le lieu de leurs délibérations.

La compagnie des Pénitents refuse de céder la chapelle.

L'opposition de la société ne la sauva que pour quelques mois. Bientôt la Révolution ayant déchaîné toutes ses violences, elle fut confisquée avec les autres biens ecclésiastiques. Dépouillée de ses riches ornements, de ses vases sacrés, de ses cloches, elle fut vendue à un particulier du nom de M... Le capital de la Confrérie ne fut pas épargné ; il devint tout entier la proie de la cupidité des sans-culottes. Tous les membres de la société furent dispersés.

En 1800, quelques hommes généreux, qui avaient

conservé le souvenir des bienfaits de l'association, s'empressèrent de la reconstituer. Aux premiers jours de sa restauration, la Société recouvra rapidement et dépassa même son ancienne prospérité. Semblable à ces arbres battus par les vents, qui se consolident et se fortifient dans l'effort de la tempête, elle parut s'être d'autant plus assurée et affermie dans la cité Mendoise qu'elle avait eu plus à souffrir de l'ouragan révolutionnaire.

En 1806, la compagnie rentre en possession de sa chapelle. Non seulement tous ses anciens membres lui étaient revenus, mais encore de nombreuses recrues vinrent remplir les vides faits par la mort. Au point qu'elle compta bientôt jusqu'à 1,500 frères ou sœurs, chiffre qui ne nous semble pas avoir été jamais atteint avant la Révolution. Elle continua à se recruter dans toutes les classes de la société, et on y vit figurer encore les noms des plus honorables familles de Mende (1). Les nouveaux confrères n'eurent pour la communauté ni moins de zèle ni moins d'attachement que n'en avaient eu leurs pères avant 1789.

Au moment où nous écrivons, si la Confrérie, à cause de l'affaiblissement général de la foi, a diminué en nombre elle n'a pas perdu sa ferveur d'autrefois. La récitation de l'office, les pèlerinages à St-Privat, les processions, les exercices religieux à la chapelle sont fidèlement suivis ; il suffit de parler

(1) Citons NN. Seigneurs Foulquier, évêque de Mende ; — Fayet, évêque d'Orléans ; — Verdier, évêque de Taïti. — MM. Chaleil, curé de Marvejols ; Grousset, chanoine, Supérieur du Petit-Séminaire ; Cornède J.-B, chanoine ; Commandré, vicaire général ; Jaffluel, missionnaire.

Parmi les laïques : MM. de Corsac, Ferdinand de Ligonnès, de Charaix, Guyot, notaire, Bourrillon, Favet, André, Monteils, Commandré, Plagnes, Martinet, Chevalier, Pécoul, Laurans, Vachin, Mercier, etc.

de la Communauté à quelque confrère pour se convaincre que l'amour de la Confrérie n'a pas diminué dans les cœurs.

Statuts de la Confrérie (1).

Article 1er. — La Confrérie est placée sous le vocable de l'Assomption de la T. S. Vierge.

Art. 2. — Elle se compose de Confrères et de Sœurs. Chaque section est dirigée par un conseil. M. l'Aumônier et M. le Recteur font partie de droit du conseil des Sœurs. M. le Recteur en est le président.

Art. 3. — *Réception et agrégation.* — Personne ne peut être reçu ou agrégé, s'il n'a atteint l'âge de 12 ans et s'il n'a donné témoignage de piété et de bonne conduite.

Lorsqu'on aura le dessein de se faire recevoir, on en fera la demande à M. le Recteur ou à M. l'Aumônier, qui la communiqueront au Conseil.

Le novice demeurera en probation durant trois mois. Après le temps d'épreuve, le conseil jugera de son admission.

Le jour de la réception, il devra s'approcher des sacrements de Pénitence et d'Eucharistie. Il serait désirable qu'il fît une confession générale, ou au moins une revue sur son passé, selon l'avis de son Directeur.

Un Confrère ayant été membre d'une autre association de Pénitents pourra être agrégé par le Conseil.

Comme le service du culte ne peut être fait avec l'honneur et la décence requis sans quelques dépenses, les Confrères, à leur entrée ou à leur agrégation, seront tenus de donner chacun une offrande de 3 fr. 25, et annuellement à la fête de l'Assomption de la T. S. Vierge une cotisation de 0,50 centimes.

Tout membre de la Confrérie qui n'aura pas versé la cotisation annuelle, ou qui n'aura pas demandé et obtenu la dispense de ce versement, sera privé de tous les honneurs et droits de l'association, c'est-à-dire qu'au cas d'une élection, il ne sera ni électeur ni éligible, et au cas de décès il sera privé de l'assistance à ses funérailles. Il ne rentrera dans ses droits que lorsqu'il aura versé intégralement la somme de toutes les années non payées.

Art. 4. — *Habit.* — L'habit des Confrères se compose d'une aube en toile blanche, pour montrer la mortification et l'état

---

(1) Ce sont les règles anciennes, sauf quelques légères modifications exigées par les nécessités des temps actuels. Ces statuts moyennant quelques changements pourraient être utilisés comme règlement pour une Congrégation.

d'innocence; d'un cordon ou ceinture de même couleur, d'un capuchon de même toile que l'habit.

Le costume des Sœurs est un grand voile blanc.

Art. 5. — *Mœurs des Confrères.* — Tous les Confrères mèneront une vie chrétienne et veilleront à ce que Dieu soit servi par tous ceux qui sont sous leur dépendance : enfants, domestiques, ouvriers, etc.

Art. 6. — Tous les Confrères se feront un devoir de fréquenter les sacrements de Pénitence et d'Eucharistie. Ils sont tenus, à moins d'excuse légitime, d'assister aux exercices pieux de la Confrérie: office, messe, vêpres, processions paroissiales, pèlerinages à Saint-Privat, Chemins de la Croix, etc. (Voir le Coutumier).

Art. 7. — Entre toutes les vertus, ils pratiqueront l'obéissance envers les Directeurs.

Art. 8. — Dans toutes leurs bonnes œuvres et prières, ils auront une intention spéciale pour la conversion des protestants et en particulier pour ceux de nos Cévennes.

Art. 9. — Lorsque les Confrères auront quelques différends, soit entre eux, soit avec des étrangers, ils tâcheront de s'accommoder amiablement avant que d'intenter un procès. Ils pourront prendre comme arbitres les officiers de la Confrérie.

Art. 10. — Lorsqu'un Confrère sera malade, le premier qui en sera averti en donnera avis au chef de quartier et celui-ci en préviendra M. le Recteur et M. l'Aumônier.

Les membres de l'association se feront un devoir de le visiter. Dans le cas où le malade serait nécessiteux, M. le Recteur pourrait lui accorder quelques secours, selon les ressources de la compagnie.

Art. 11. — *Funérailles.* — La sépulture étant le dernier devoir et la dernière preuve d'amitié et de charité que nous pouvons donner à nos amis, les Confrères s'étudieront à rendre ce dernier office à un confrère décédé.

La Confrérie est classée et divisée en trois groupes. Chaque groupe assistera à tour de rôle. Ceux qui, pour des raisons légitimes, ne pourraient point remplir ce devoir, sont tenus de se faire remplacer, sous peine de payer 0 fr. 25 pour désintéresser ceux qui les remplaceront.

Le jour de l'enterrement, à l'heure indiquée, on se réunit dans la chapelle de la Confrérie, d'où l'on se rend à la maison mortuaire. Le corps est porté par les membres de la Confrérie.

Les Confrères sont invités à assister à l'office des morts que l'on récite après le chant des vêpres, le dimanche qui suit le décès d'un membre de l'association. Ils sont priés également de se rendre à la messe qui est célébrée à son intention dans la chapelle. S'ils ne peuvent y assister eux-mêmes, ils se feront représenter par un membre de leur famille.

Art. 12. — Nul des frères ne pourra s'immiscer de son chef dans les affaires de la Confrérie.

Art. 13. — *Administration de la Confrérie.* — La société est placée sous la haute direction de Monseigneur l'Evêque. Elle est administrée par des officiers choisis parmi ses membres à la pluralité des suffrages.

Ces officiers sont :

Un Recteur honoraire ecclésiastique, — un recteur d'office. — un Vice-Recteur, — un Trésorier-Sécrétaire.

Quand le Recteur d'office est un ecclésiastique, on nomme un assistant. Ces officiers sont renouvelables tous les trois ans.

Les élections des officiers se font le dimanche qui précède la fête patronale. Le conseil présente deux noms pour chacune de ces fonctions.

Les élections s'annoncent au son de la cloche. Elles ont lieu immédiatement après le chant des vêpres, dans le chœur de la chapelle, sous la présidence de Monseigneur. On commence par le chant du *Veni Creator*. Ensuite M. le Président fait une exhortation pour engager les Confrères à choisir les membres les plus exemplaires et qui peuvent contribuer le plus par leur zèle et leur piété au bien de la Confrérie. Enfin, il propose les candidats choisis par le Conseil et on procède au vote.

Après la proclamation des dignitaires, ceux-ci se rendent au pied de l'autel pour faire la promesse de se consacrer au bien de la société. On chante le *Te Deum*. Les cloches sonnent à toute volée.

Les officiers élisent eux-mêmes le conseil de l'Association, qui se compose de 12 membres.

Les conseillers choisissent parmi eux : 2 auditeurs des comptes, — 1 maitre de novices, — 2 chefs sacristains, — les chefs de quartier.

Ils nomment aussi : 2 maîtres de cérémonies, — 4 chantres, — 2 décorateurs, — 2 frères quêteurs.

Ces charges secondaires peuvent être occupées par des Confrères qui ne font pas partie du conseil.

Lorsque, dans l'intervalle des 3 ans, il se produit quelques vacances, ce sont les principaux dignitaires qui choisissent le successeur.

Section des Sœurs.

L'Association des Sœurs est dirigée et administrée par un conseil composé :

1° Du *Recteur* et de l'*Aumônier*.

2° D'une *Supérieure* nommée par les officiers de la Confrérie.

3° De dix *Conseillères*, parmi lesquelles on choisit : une Assistante, — une Trésorière, — une Secrétaire, — deux Sacristines.

Les Conseillières sont nommées par MM. le Recteur, l'Aumônier et la Supérieure.

En ce qui concerne : les admissions, les sépultures, les exercices de piété, à l'exception de la récitation de l'office, les Sœurs suivent le même règlement que les confrères.

Attributions des dignitaires de la Confrérie.

Les attributions du *Recteur* consistent à présider toutes les assemblées et à veiller à l'exacte observation des statuts ; il en est le gardien responsable devant Dieu et ses confrères.

Le *Vice-Recteur* aide le Recteur dans l'exercice de ses fonctions, il le remplace en cas de maladie ou d'absence.

L'*assistant* remplace le Vice-Recteur.

Les attributions du *Trésorier* sont de percevoir les cotisations annuelles et les autres fonds de la compagnie, enregistrer sur son livre de caisse les dépenses et les recettes. Il ne peut disposer d'aucune somme, quelque peu considérable qu'elle soit, sans un mandat signé du Recteur. A la fin de sa gestion annuelle. son livre de caisse est examiné par les auditeurs des comptes en présence du Recteur.

Le trésor est déposé dans un coffre à trois clefs, confiées 1° au Recteur, 2° à l'Aumônier, 3° aux auditeurs des comptes.

Les attributions du Secrétaire consistent à rédiger les procès-verbaux, les délibérations de la compagnie et les autres faits qui sont de nature à intéresser la Société, à écrire toutes les lettres de convocation ou autres, toutes les fois qu'il en est requis par le Recteur, soigner le tableau des confrères, tenir le registre des admissions.

Les attributions des *Sacristains* sont de veiller sur l'ordre et la propreté de la chapelle.

Le *Maître des Novices* aura soin d'instruire du devoir d'un véritable confrère tous ceux qui se présentent pour être reçus.

Les *Chefs de quartier* convoqueront les membres de leur groupe aux réunions, contrôleront la présence des membres de leur groupe, avertiront le Recteur en cas de maladie, de décès.

Les attributions des *Maîtres des cérémonies* sont de veiller au bon ordre dans les cérémonies religieuses. Aux processions, l'un d'entre eux se met en tête de la confraternité.

Les *Choristes* doivent chanter à tous les offices.

Les *Décorateurs* doivent ériger les monuments.
Les *Quêteurs* feront les quêtes à la chapelle et en ville.

Le culte de la croix et la procession du Jeudi-Saint. — Une des plus belles et des plus imposantes cérémonies de la Confrérie des Pénitents, c'est, sans contredit, la procession du *Jeudi-Saint*, représentation muette mais éloquente du drame auguste qui s'est déroulé, il y aura bientôt deux mille ans, dans les rues de Jérusalem et sur le Calvaire.

En tête du pieux cortège, s'avance le groupe des Sœurs. Elles sont enveloppées de leur grand voile blanc et portent dans l'ordre suivant divers emblèmes de la Passion :

1. *La croix;* — 2. *Les parfums;* — 3. *Le vase d'albâtre;* — 4. *Le petit tableau de la Sainte Vierge;* — 5. *La Veronique (portée par les veuves);* (Ici prend place le chœur des chanteuses); — 6. *Le grand tableau de la Très Sainte Vierge;* — 7. *Le grand tableau de Sainte Véronique.*

A droite et à gauche, sur deux files, marchent les autres associées, tenant en leurs mains des falots sur lesquels sont représentés les mystères qu'on porte entre les rangs.

Viennent ensuite les Confrères, eux aussi ont leurs insignes :

1. *La croix;* — 2. *La lanterne;* — 3. *Le calice;* — 4. *Les trente deniers;* — 5. *La bourse;* — 6. *Le casque et la cuirasse;* — 7. *Le sabre;* — 8. *Les cordes;* — 9. *Le coq;* — 10. *Le gantelet;* — 11. *La colonne;* — 12. *Les fouets de cordes;* — 13. *Les épines;* — 14. *Les ronces;* — 15. *La couronne d'épines;* — 16. *La robe blanche;* — 17. *La robe d'écarlate;* — 18. *Le roseau;* — 19. *Les dés;* — 20. *Jésus attaché à la colonne;* — 21. *L'*Ecce Homo; — 22. *L'aiguière;* — 23. *Les clous;* — 24. *Le marteau;* — 25. *Les tenailles;* — 26. *L'échelle;* — 27. *L'inscription de la croix;* — 28. *La lance et l'éponge.*

Ces divers symboles sont mis en lumière par des transparents que portent les confrères, rangés sur deux files. Par respect pour ces emblèmes sacrés et en souvenir de Notre-Seigneur, qui marchait pieds nus sur la route du Calvaire, certains Pénitents marchent aussi sans leur chaussure. Ce qui n'est pas sans mérite, surtout à une époque où la saison est rigoureuse, les chemins boueux et parfois couverts de neige.

Vers la fin de la procession apparaît la *grande Croix* (1). Elle s'avance avec une hésitation qui trahit l'effort et un balancement qui semble accuser la fatigue de celui qui la porte. Un confrère se trouve à l'extrémité, remplissant le rôle du Cyrénéen.

Le prêtre, revêtu de la chape noire, accompagné de deux assesseurs, préside la cérémonie.

Le cortège fait la visite des principales églises, dans lesquelles des reposoirs ont été élevés à l'occasion de la fête du Jeudi-Saint. Sur tout le parcours se presse une foule nombreuse et sympathique. On ne saurait croire combien cette cérémonie est populaire dans notre bonne ville de Mende. Quatre fois la procession s'arrête. L'énorme croix est dressée. Elle étend ses bras sur tout ce peuple recueilli. Les porteurs, au nombre de six, la soutiennent. Ils sont là debout, les mains appuyées sur ce bois sacré et semblent dire : Voici l'autel où Dieu s'est immolé pour nous, l'instrument de notre salut. NOUS LE MAINTIENDRONS.

Tandis que la croix est ainsi élevée, on la salue par le chant, trois fois répété, de la strophe : *O Crux ! Ave.*

Avouons que nos Pères, en établissant de telles cérémonies, ont bien montré qu'ils étaient de véritables maîtres dans les choses de la piété. Comme ils savaient parler un langage éloquent, à l'esprit

---

(1) Cette croix mesure 4 mètres de hauteur, sur une largeur de 0,20 centimètres et une épaisseur de 0,18 centim.

et au cœur, par les sens! Quels touchants souvenirs réveille cette manifestation! Surtout à une époque où les âmes ont été préparées à ces salutaires impressions par les exercices du Carême (1).

Aussi, que chrétiens, à la vue de ces symboles leur rappelant, d'une manière si sensible, les scènes si douloureuses de la Passion, ont-ils été excités à la pratique de la vertu?

Il n'y a pas bien longtemps, un homme bien connu à Mende par son dévouement à l'Eglise, dans une des réunions du Conseil, dont il est une lumière, racontait le trait suivant, dont il garantit l'exacte vérité.

Un jeune homme, qui venait de terminer son cours de droit à Paris, se trouvait à Mende durant la Semaine Sainte. L'atmosphère d'indifférence religieuse que l'on respire dans certains milieux de la capitale avait affaibli sa piété. Il s'était bien promis de ne point remplir, au moins cette année, son devoir pascal. Au Jeudi-Saint, il est témoin de la procession de la Confrérie des Pénitents. Le spectacle de cette croix dominant tout un peuple, le touche profondément. La vue de ce signe auguste de notre Rédempteur fait revivre en lui de meilleurs sentiments et, renonçant à sa première résolution, on put le voir, aux fêtes de Pâques, prosterné à la table eucharistique.

Cette procession, édifiante pour le prochain, doit être aussi bien consolante pour notre Sauveur. Comme elle doit aller doit au cœur de cette sainte Victime!

---

(1) De nos jours, on cherche à faire revivre les représentations pieuses et émouvantes du moyen-âge. Le drame de la Passion d'Oberammergau, joué tous les dix ans, attire des foules innombrables. Pourquoi ne s'appliquerait-on pas à maintenir les cérémonies chrétiennes qui, comme celle de la procession du Jeudi-Saint, nous représentent les mêmes scènes et nous rappellent les mêmes souvenirs?

Ces diverses considérations ne nous autorisent-elles pas à trouver étrange, pour ne pas employer un qualificatif plus sévère, le désir exprimé par certains d'abolir cette procession? Et pour quel motif?

Parce qu'elle est d'un autre âge, disent-ils. Mais alors supprimez le monde, Dieu lui-même, ils sont aussi d'un autre âge. Votre raison aurait un fondement, dans le cas où cette institution cesserait d'être utile. Ce n'est pas le cas actuel. Nous venons de prouver, en effet, que cette cérémonie produit des fruits de piété, non seulement pour ceux qui y prennent part, mais aussi pour ceux qui en sont témoins.

On entend encore des esprits forts trouver singulier que les pénitents se voilent le visage.

Si ces confrères passaient devant eux nu-pieds, portant une lourde croix sur leurs épaules, ils les accuseraient de céder à un sentiment de vanité. Ils s'avancent le front couvert, on leur reproche leur timidité. C'est une vraie manie qu'ont ces hommes, de trouver matière à critique en toutes choses. Ils croient ne pas pouvoir passer pour sages, s'ils n'attaquent le ciel et s'ils n'éclipsent toutes les étoiles du firmament (1).

Nous ne saurions trop engager les membres des Confréries des Pénitents, à mépriser les réflexions de ces injustes censeurs et à maintenir une cérémonie si touchante. Ils doivent s'estimer heureux de porter les divers insignes de la Passion de Notre Sauveur. Des hommes illustres s'en sont fait gloire.

Héraclius, empereur romain, après avoir arraché la croix aux mains des infidèles, ne veut point lais-

---

(1) Et ut putentur sapere, cœlum vituperant. PHÆD. l. 4. f. 7. (*in censores*).

ser à ses soldats ou à ses officiers, l'honneur de porter cet étendard divin. Il dépouille ses habits royaux, prend, sur ses épaules, ce bois sacré et le monte au Calvaire. Saint Athanase dit, à ce propos, qu'il convenait, en effet, que le vainqueur portât lui-même son trophée. (1)

Dans ces derniers temps, n'avons-nous pas vu un des hommes les plus remarquables de notre siècle, nous donner un exemple admirable de piété pour ce signe sacré de notre salut? Garcia Moreno, président de la république de l'Equateur, assistait au sermon de clôture d'une retraite. Le Prédicateur demande des hommes de bonne volonté. Il s'agissait de transporter une croix, que l'on devait planter en dehors de la ville comme souvenir de la Mission. Garcia Moreno descend de sa tribune, prend la croix, et traverse les rues de Quito, chargé de son précieux fardeau. (2)

Imitons ces généreux chrétiens. Selon la recommandation de S. Cyrille, ne rougissons jamais de Jésus crucifié, le premier des Pénitents et leur parfait modèle. *Non pudeat vos crucifixum confiteri.*

Nous devons d'autant plus honorer la croix, qu'à l'heure actuelle Jésus-Christ est outragé dans ce signé sacré. Il importe de réparer tant d'injures par un redoublement d'hommages. Réservons à ce signe auguste de notre rédemption une place d'honneur dans nos demeures. Donnons-lui un témoignage de respect toutes les fois que nous le rencontrons sur notre chemin. Portons-le constamment sur notre potrine. Prenons part à toutes les cérémonies qui ont pour but de l'honorer.

---

(1) Decebat victorem non alteri concedere, sed sibi suum gestare trophœum.

(2) Vie de Garcia Moreno par le R. P. Berthe.

Le culte de la Très-Sainte-Vierge. — Les membres de la Confrérie des Pénitents, selon la volonté de leurs fondateurs, ont toujours honoré Marie, comme leur patronne et leur protectrice. Ils placent la confrérie sous son vocable, célèbrent leur fête patronale le jour de sa glorieuse Assomption. Tous les dimanches et toutes les fêtes, ils chantent avant la messe son saint office. Dans leur chapelle ils mettent partout le chiffre de la Mère de Dieu. Dès les premiers jours, sur la pierre d'une des portes principales, ils gravent cette inscription qu'on peut y lire encore :

Maria, Pœnitentium
Spes una Mimatensium,
Dignare nos amare te,
Ubique collaudare te.

« O Marie, unique espérance des Pénitents de la ville de Mende, obtenez-nous la grâce de vous aimer et de célébrer partout vos louanges. »

Cette dévotion pour la Mère de Dieu inspira à un pieux Pénitent l'heureuse pensée de placer dans l'oratoire une statue qui rappellerait encore davantage le souvenir de cette bonne Mère. Ne sommes-nous pas heureux de contempler l'image de ceux que nous aimons ?

Aussi lisons-nous dans un compte-rendu du 2 juin 1709 : « Monsieur Destrictis, recteur, a dit à « la Compagnie que Gabriel Benoit, confrère, a « eu la dévotion de faire sculpter une image en re- « lief, semblable à celle de la Sainte Vierge qui est « dans l'église du Puy où il la fait faire. »

La statue de la Confrérie fut donc faite au Puy, sur un modèle déjà très ancien et très vénéré dans tout le pays des Alvernes. Elle fut transportée dans la chapelle avec une grande solennité. On peut encore voir aujourd'hui dans l'église des Pénitents cette image insigne de leur patronne. Des mains pieuses parvinrent à la soustraire au vandalisme révolutionnaire. Elle est en lieu et place où elle fut posée lors de sa translation.

La Madone n'a cessé de répandre ses grâces sur les membres de cette société qui, depuis bientôt trois siècles, chantent ses louanges devant son image. Les dons précieux que ses enfants ont déposés à ses pieds ne sont-ils pas le témoignage des grâces obtenues par sa maternelle intercession? L'impiété triomphante en 1793 a emporté toutes ces richesses. Mais les annales de la confrérie en conservent le souvenir.

Depuis la restauration de la société, en 1800, la générosité de ses membres a enrichi à nouveau la la statue vénérée. Elles sont nombreuses les Sœurs qui ont donné leurs parures pour former le trésor de leur Mère.

Citons en passant Mme Catherine Brun, qui donne : une chaîne, une croix, un cœur, une agrafe, le tout en or.

Mme Monteils, mère supérieure de la Confrérie, épouse pieuse et regrettée du sympathique docteur Monteils, ancien député, conseiller général du canton de Mende. Cette Dame fait don à l'asso- de tous ses bijoux, ornés de pierres précieuses, lesquelles ont été employées à embellir les couronnes en vermeil qui ornent le front de la Sainte Vierge et celui de son Fils.

Nous pourrions citer d'autres noms, mais les donatrices vivent encore, elles nous en voudraient d'offenser leur modestie. Notre-Dame les connaît et saura les récompenser.

Il y a quelques mois, lorsqu'un appel a été fait à la générosité de la confrérie pour l'achat de deux anges candélabres à placer auprès de la Vierge, en peu de jours on a recueilli une somme de trois cents francs.

N'est-ce point un double sentiment d'amour et de reconnaissance envers la Mère de Dieu qui, l'an dernier déterminait une dame généreuse, membre de la Confrérie, à nous procurer la grande grâce d'une retraite? Elle nous a été prêchée par M. l'abbé Garnier. Dieu sait tout le bien que ce vaillant apôtre a fait parmi nous.

La dévotion des membres de l'association pour la Reine des cieux, se manifeste surtout par l'empressement qu'ils mettent à tout ce qui concerne son culte et par les exercices pieux qu'ils font en son honneur.

Les dimanches et les fêtes, avant la célébration de la Ste Messe, chant de l'office par les confrères, et avant les vêpres ainsi que tous les jours durant le mois du Saint Rosaire, récitation du chapelet.

Le mois de Marie est suivi avec une assiduité édifiante. Nous devons une mention spéciale au chœur des chanteuses qui malgré l'heure matinale des exercices (5 h. 1/2) sont très fidèles à venir chanter des cantiques en l'honneur de leur Protectrice. Aux processions, on se dispute l'honneur de porter la statue vénérée de notre glorieuse Patronne.

Le culte des morts. — La dévotion pour les âmes du Purgatoire a toujours été en honneur dans l'association des Pénitents. Témoin les prières prescrites par les statuts et par le coutumier de la Confrérie.

Tous les dimanches après la récitation de l'office, prière pour les associés et bienfaiteurs défunts. Après le chant des Vêpres, lecture du Nécrologe et chant du *Libera*, aux mêmes intentions. Le jour de la fête patronale de la paroisse, la Confrérie se rend processionnellement au cimetière, afin d'y prier pour ses chers défunts. Le dernier lundi du mois de Marie et le lendemain de la fête patronale (16 août), messes solennelles pour tous les défunts de la Société.

Une des pratiques de dévotion des plus suivies et des plus anciennes de l'Association, c'est l'Octave des Morts.

Les vêpres de la fête de la Toussaint terminées, on chante les vêpres des morts. Après la bénédiction du T. S. Sacrement, Matines et Laudes du même office. Le lendemain, service solennel.

Durant les huit jours qui suivent, à 5 heures du soir, on se réunit, dans la chapelle, pour le chant des *Matines* et *Laudes*. Ensuite tous les confrères, en habit de chœur, se rangent autour du catafalque monumental, dressé au fond de l'église, le prêtre donne l'absoute. La cérémonie se clôture par la récitation du chapelet des morts.

Un testament fidèlement conservé dans les archives de la Confrérie, nous indique l'origine de cette pieuse institution, qui remonte à 1682. Elle est due aux libéralités de demoiselle *Jeanne de Bayssenc*, membre de la Société des Pénitents. Quoique la tourmente révolutionnaire ait emporté les fonds attribués à cette fondation pieuse, la Confrérie, voulant répondre aux désirs de la fondatrice, célèbre encore aujourd'hui cet octave des morts. Puisse l'exemple de Mlle de Bayssenc inspirer aux personnes généreuses des créations de ce genre, afin de contribuer ainsi à la délivrance des âmes du purgatoire.

Chanter les louanges de Dieu, honorer la Vierge Marie, sanctifier les Associés, édifier le prochain, l'assister de ses prières et de ses aumônes : tel est le but des Confréries de Pénitents.

Archiconfrérie de Notre-Dame de l'Usine et de l'Atelier.

Erigée dans la basilique de Saint-Rémi, de Reims.

BUT DE L'ARCHICONFRÉRIE : — La conversion de la population ouvrière, et spécialement de cette si nombreuse et si intéressante population des usines et des ateliers. Christianiser le monde des travailleurs, aider à la solution de la question sociale en réconciliant les ouvriers avec les patrons, telle est la grâce que les associés demandent tous les jours à la mère de Dieu invoquée sous le nom de *Notre-Dame de l'Usine et de l'Atelier* et le double but vers lequel tendent tous leurs efforts.

L'association de N.-D. de l'Usine laisse à chaque corporation ouvrière le patron spécial qu'elle s'est choisi, mais elle est appelée à être la patronne générale autour de laquelle se grouperont les divers corps d'état avec leurs patrons traditionnels.

CONDITIONS D'ADMISSION. — Toute personne s'intéressant au salut de la classe ouvrière est appelée à faire partie de l'Archiconfrérie. Pour être admis, il suffit de faire inscrire ses nom, prénoms et indication de son domicile, sur le registre de l'Association, déposé en la Basilique de Saint-Rémi, et de recevoir un billet d'admission signé par le Directeur. Quand une confrérie particulière a été érigée canoniquement, il suffit d'être inscrit sur le registre de cette confrérie.

OBLIGATION DES MEMBRES DE L'ARCHICONFRÉRIE. — Tout membre s'engage, sans le promettre, néanmoins sous peine de péché : 1° à réciter chaque jour trois fois l'invocation : *Notre-Dame de l'Usine et de l'Atelier, priez pour nous ;* 2° à prier et à offrir ses bonnes œuvres spécialement pour le salut des ouvriers ; 3° à favoriser de tout son pouvoir les œuvres ouvrières que le zèle catholique cherche à créer ou à développer ; 4° chaque membre est invité à faire à l'association une offrande qui est facultative. Cette aumône servira à subvenir aux frais de la confrérie, à propager l'œuvre, et à faire célébrer le saint sacrifice de la Messe pour les associés.

ADMINISTRATION DE L'ŒUVRE. — Approuvée par lettres apostoliques en date du 27 mai 1879, l'Archiconfrérie de *N.-D. de l'Usine* a été étendue à l'univers entier par un bref de S. S. Léon XIII, du 6 juin 1882, accordé à la demande d'un grand nombre d'évêques d'Europe et d'Amérique. Le président de l'Archiconfrérie est, à perpétuité, M. le curé de Saint-Rémi. Des zélateurs et des zélatrices pourront être nommés et recevront la mission de travailler plus spécialement au développement de l'œuvre, d'exciter le zèle des associés, de recueillir de nouvelles adhésions, etc. (1).

FÊTES DE L'ŒUVRE. — La fête patronale de l'archiconfrérie est la *Nativité de la Très Sainte Vierge.*

Les fêtes secondaires sont : l'*Epiphanie* (noces de Cana ; sanctification du mariage et des plaisirs); la *Purification de la Sainte Vierge* (consécration des enfants) ; *Notre-Dame des Sept Douleurs* (sanctification du travail et de la souffrance) ; l'*Assomption* (bonne mort).

PRINCIPALES INDULGENCES ACCORDÉES A L'ŒUVRE. — Indulgence plénière : 1° pour chaque membre le jour de son admission ; 2° le jour de la fête de Notre-Dame de l'Usine ; 3° à l'article de la mort (Rescrit de S. S. Léon XIII, 21 juillet 1878).

Consécration à Notre-Dame de l'Usine.

O Notre-Dame de l'Usine et de l'Atelier, Mère des patrons et des ouvriers, nous vous consacrons aujourd'hui nos personnes, nos familles, nos ateliers et notre patrie.

---

(1) L'Archiconfrérie publie des annales. Prix de l'abonnement, 2 fr. S'adresser à M. N. MONCE, rue Pluche, 24, Reims.

Protégez notre travail, défendez-nous contre tous les dangers au milieu desquels nous vivons. Présentez-nous à Jésus, votre divin Fils ; offrez-lui nos labeurs, nos souffrances de chaque jour pour la conversion de nos frères égarés, afin qu'eux aussi apprennent à connaître Dieu, à l'aimer, à le servir. Que les patrons et les ouvriers sanctifiés par votre miséricorde retrouvent dans la restauration des corporations chrétiennes l'union et la prospérité qui leur ont été ravies par l'égoïsme et l'impiété.

O Notre-Dame de l'Usine et de l'Atelier, notre Mère et notre Souveraine, exaucez nos prières, et, après nous avoir assistés sur cette terre, recevez-nous dans la patrie bienheureuse. Ainsi soit-il.

Archiconfrérie de Notre-Dame des Champs.

PATRONNE DES AGRICULTEURS ET PROTECTRICE DE L'AGRICULTURE.

L'association de Notre-Dame des Champs a pour but d'améliorer la situation morale et matérielle des *travailleurs de la terre*.

Elle a son siège dans la basilique cathédrale de Notre-Dame de Séez (Orne).

Hommes, femmes, enfants, tout le monde peut en faire partie. Pour participer à toutes les prières et bonnes œuvres de cette association et jouir de toutes les grâces, privilèges et indulgences qui lui sont accordés, il suffit de se faire inscrire avec ses nom, prénoms et domicile sur le registre de l'archiconfrérie, à Séez, ou d'une confrérie canoniquement érigée et affiliée à l'archiconfrérie. On reçoit un billet d'admission signé du Directeur.

La seule obligation (non sous peine de péché) est de dire chaque jour trois fois l'invocation ; *Notre-Dame des Champs, priez pour nous.*

Chaque membre est invité à faire à l'archiconfrérie une offrande qui est facultative.

La fête patronale de l'archiconfrérie est fixée au cinquième dimanche après Pâques, qui précède les Rogations ; mais les confréries agrégées peuvent choisir un autre jour à leur convenance. Les fêtes secondaires sont indiquées dans le tableau des indulgences.

Les confréries déjà existantes de St-Fiacre, St-Isidore, St-Vincent, etc., peuvent garder leur patron spécial et leurs statuts. Notre-Dame des Champs est appelée à être la patronne générale autour de laquelle se grouperont les diverses associations agricoles.

Voici les statuts que nous avons présentés à l'approbation de notre Evêque et qui ont été publiés par la *Semaine religieuse*. Ce règlement peut trouver son application dans beaucoup d'autres diocèses. Si partout on ne peut demander aux agriculteurs quatre communions par an, comme dans notre diocèse où les pratiques religieuses se sont encore conservées, on peut du moins leur demander progressivement la sanctification du dimanche, la communion pascale, etc.

Art. Ier. — But. — La Confrérie a pour but :

1° D'attirer par la prière et l'intercession de Marie, les bénédictions de Dieu sur les travaux des champs et les biens de la terre ;

2° De conserver et de ranimer l'esprit catholique parmi les populations agricoles.

Art. II. — Admissions. — La Confrérie de Notre-Dame des Champs est avant tout, dans le diocèse de Mende, une *association d'hommes*. Tout homme propriétaire, fermier, s'intéressant à l'agriculture, est appelé à en faire partie comme associé.

Art. III. — Les femmes et les enfants n'ayant pas fait la première communion, peuvent, en se faisant inscrire, et en remplissant les obligations, devenir agrégés de l'Œuvre. Ils contribueront ainsi, par leurs prières et leur influence, au but commun et participeront à toutes les indulgences.

Art. IV. — Obligations. — Tout membre de la Confrérie s'oblige :

1° A éviter les blasphèmes ;

2° A sanctifier les dimanches et les fêtes ;

3° A élever chrétiennement ses enfants ;

4° A ne jamais faire partie d'aucune des sociétés condamnées par l'Eglise ;

5° Les chefs de maison et tous ceux qui sont investis d'une autorité quelconque s'engagent à veiller à ce que leurs subordonnés, enfants, domestiques, ouvriers, fournisseurs, évitent toute parole de blasphème, sanctifient le dimanche et remplissent leurs devoirs de chrétiens.

Nota. — Ces obligations existent de droit naturel et divin, mais les associés s'obligent à les garder plus fidèlement.

Art. V. — Obligations secondaires. — Tout membre de la Confrérie s'engage, sans le promettre néanmoins sous peine de péché :

1° A réciter chaque jour, trois fois, l'invocation :

Notre-Dame des champs, priez pour nous !

2° A réciter la prière en famille, au moins celle du soir ;

3° A communier aux fêtes de la Toussaint, de Noël, de Pâques, de l'Assomption.

4° A prier et à offrir leurs bonnes œuvres pour le salut des agriculteurs et spécialement pour la conversion de leurs frères séparés, les protestants de notre diocèse.

Il serait désirable que les associés offrissent à Dieu les premiers fruits, spécialement ceux qui peuvent concourir à la célébration du Saint-Sacrifice de la messe.

Art. VI. — Chaque Quatre-Temps une messe sera célébrée pour les fruits de la terre. L'honoraire sera perçu sur les offrandes facultatives des associés ou sur le produit de la quête qui sera faite durant la messe.

Art. VIII. — Gouvernement de l'Association. — Un conseil est placé à la tête de l'Association. Il se compose : 1° d'un Directeur qui est ordinairement M. le Curé de la paroisse ; 2° d'un Président ; 3° d'un Secrétaire et de deux Conseillers.

Le conseil se réunit tous les mois. Il est chargé de veiller aux intérêts de la Confrérie et d'y promouvoir le bien de toutes les manières. Il prononce les admissions ou, s'il y a lieu, les exclusions.

Approuvé ce règlement

Nous désirons que cette Confrérie soit établie dans le plus grand nombre possible de nos paroisses (1).

Mende, 18 avril 1890.

† NARCISSE, évêque de Mende.

---

(1) A l'occasion de missions que nous avons prêchées dans diverses paroisses, nous avons organisé l'œuvre de N.-D. des Champs. On ne saurait croire l'enthousiasme avec lequel les populations agricoles s'enrôlent dans cette Confrérie.

L'Archiconfrérie a une publication mensuelle. L'abonnement est de 2 fr. et part du 1er de chaque mois. Adresser les demandes à M. Montauzé, imprimeur à Séez (Orne). Statues de N.-D. des Champs, chez Biais aîné et Cie, 74, rue Bonaparte, Paris.

Indulgences

Accordées à l'Archiconfrérie et aux Confréries agrégées.

Une indulgence *plénière* aux conditions ordinaires : 1° le jour de leur inscription dans l'Archiconfrérie ou la Confrérie ; 2° le jour adopté par chaque Confrérie pour sa *fête patronale* et aux *fêtes secondaires* ; 3° l'*Epiphanie ;* 4° la *Purification de la Sainte Vierge ;* 5° *Notre-Dame des Sept-Douleurs ;* 6° l'*Assomption ;* 7° le lundi de la *Pentecôte* (offrande des prémices de la terre) ; 8° la *Nativité de la Sainte Vierge* (actions de grâces pour la moisson).

Une indulgence de *trois cents jours*, une fois par jour, pour la triple invocation : *Notre-Dame des Champs, priez pour nous.*

(Rescrits de S. S. Léon XIII du 19 novembre 1887, du 7 mars et du 4 mai 1888).

Prière à Notre-Dame des Champs.

Vierge sainte, qui voulez être honorée comme la Patronne des laboureurs et la Protectrice de nos champs, priez le Très-Haut, qui dispose de la beauté des saisons, que nos campagnes, fertilisées par la rosée du ciel et par la douce influence d'un astre favorable, produisent une récolte abondante, pour assister plus aisément les malheureux ; et afin que nous-mêmes, délivrés des soins qu'on se donne pour satisfaire aux besoins d'une vie mortelle, et qui deviennent plus pressants encore dans un temps de stérilité, nous soyons uniquement occupés de cette vie céleste dont vous jouissez et dont nous espérons être participants par votre intercession. Ainsi soit-il.

Congrégations de la Très-Sainte Vierge.

Origine. — En 1563 vivait à Rome, un jeune religieux belge, de la Compagnie de Jésus, appelé Léontius. Il professait au Collège-Romain la dernière classe de grammaire. Tous les soirs, il réunissait pour un exercice pieux, les élèves qui se distinguaient le plus par leur bonne conduite. Ces écoliers se placèrent sous la protection spéciale, de la Sainte Vierge et donnèrent son nom à leur association. Cette institution, se répandit bientôt parmi la jeunesse des autres collèges. Sur les intances du Père Aquaviva, général de la Compagnie, le pape Grégoire XIII, par lettres apostoliques, en date de 1584, approuva cette association et l'enrichit des trésors de l'Eglise. En même temps, le souverain Pontife, autorisait le P. Aquaviva, ainsi que tous ses successeurs, à agréger à cette Congrégation-Mère du Collège Romain, toutes les autres congrégations déjà établies ou à établir dans les maisons d'éducation dirigées par les jésuites ; en sorte qu'elles lui fussent unies comme des membres à leur chef et participassent, par le fait de leur agrégation, à toutes ses indulgences et à tous ses privilèges présents et futurs.

La bulle de Grégoire XIII, ne regardait que les congrégations d'écoliers. Les Papes Sixte V, Clément VIII, Grégoire XV, Benoit XIV multiplièrent successivement les faveurs. Enfin Léon XII, par un rescrit spécial (7 mars 1825) permit au Général des jésuites d'affilier à la congrégation de Rome dite *Prima-Primaria*, toutes les autres congrégations d'hommes et de femmes, de jeunes gens, de jeunes personnes, canoniquement érigées quelque part que ce fût, et commises ou non à la direction des Pères de son Institut.

On trouvera tout ce qui concerne; les règles, les usages des Congrégations et le catalogue des indulgences, dans le manuel du R. P. Jules Anglade *s. j.* Ce petit livre contient aussi l'office de la Sainte Vierge (1).

On consultera avec fruit *le chef d'œuvre de Dieu* le R. P. *Etienne Binet*. Dans les derniers chapitres de la troisième partie de ce remarquable ouvrage, l'auteur traite des bienfaits des congrégations et répond d'une manière péremptoire, aux objections que l'on fait contre ces associations.

(1) S'adresser à la direction générale de l'Apostolat de la prière. — Rue des fleurs, 13. Toulouse.

Marche à suivre pour l'institution et l'affiliation d'une Confrérie ou d'une Congrégation.

On doit : 1° Prier et demander les prières des âmes pieuses surtout des communautés religieuses. Employer aussi les autres moyens indiqués dans le chapitre 3 de notre 1re partie ;

2° Ouvrir un registre pour inscrire les adhérents ;

3° Rédiger les statuts de la confrérie ou de la congrégation. En adoptant les statuts de la Congrégation-Mère ou de l'Archiconfrérie. On peut les modifier selon les localités et les circonstances. Il suffit que le but et la dévotion soient les mêmes ;

4° Demander à l'Evêque du diocèse l'érection canonique, on peut employer à cet effet la formule suivante :

M. le curé de N... poussé par le désir d'accroître dans sa paroisse la dévotion au *Sacré-Cœur ou à la Très-Sainte Vierge...* particulièrement chez *les hommes...* sollicite de Sa Grandeur Monseigneur l'Evêque de N... :

1° L'érection canonique dans son église (1) (ou dans la chapelle de N...), de la *Confrérie* ou de la *Congrégation des pères de famille...* sous le titre ou l'invocation du *Sacré-Cœur* ou de la *Nativité de la Vierge Marie...* et sous le patronage de N...

2° L'approbation des statuts ci-joints, d'après lesquels doit être régie l'association (2).

3° L'autorisation de la faire agréger à l'Archiconfrérie de N... ou affilier à la congrégation *Prima-Primaria* du Collège-Romain.

On devra joindre une note portant les noms des premiers adhérents ou au moins leur nombre.

---

(1) Il ne peut y avoir dans une même ville, et à plus forte raison dans une même église, qu'une confrérie d'un même nom. Il faut que les églises où la même confrérie est érigée soient éloignées l'une de l'autre au moins d'une lieue. Il y a exception pour les confréries du *Saint-Sacrement*, de la *Doctrine chrétienne*, du *Sacré-Cœur*, et les Congrégations de la Ste-Vierge destinées à être affiliées à la *Prima-Primaria*, par le T. R. P. Général de la Compagnie de Jésus.

(2) Quand les statuts ont déjà été approuvés pour d'autres localités dans le diocèse, il est très à-propos de mettre en marge et en tête de la lettre d'envoi : *Les statuts ci-joints ont déjà été approuvés pour telle et telle paroisse*, afin d'éviter la peine de les examiner de nouveau.

Dès que la Confrérie est érigée canoniquement et son règlement approuvé, on s'adresse au Directeur de l'Archiconfrérie pour lui demander d'agréger la Confrérie, s'il s'agit d'affilier une Congrégation, au T. R. P. Général de la Compagnie de Jésus. Dans cette demande approuvée par l'Evêque du diocèse, on doit indiquer exactement la date de l'érection de la Confrérie, le nom de l'endroit, celui du vocable de l'église ou de la chapelle, centre de la Confrérie, le nom de Mgr l'Evêque, ceux de l'ecclésiastique qui dirige la confrérie (1) Il est de rigueur de joindre à la demande une copie légalisée (à l'évêché) des statuts de la confrérie et de l'ordonnance épiscopale qui a prononcé l'érection. Voici une formule dont on peut user :

Quum jam Reverendissimus ac Illustrissimus DD. NN. Episcopus N... Congregationem virorum... sub titulo et invocatione N... nec non patrocinio N..., in Ecclesia N... erexerit atque statuta ejusdem approbaverit et consensum dederit pro agregatione: infrascriptus orator, moderator ejusdem congregationis, Paternitatem tuam humiliter rogat ut dictam congregationem in supradicta ecclesia jam erectam, Primariæ Collegii Romani Congregationi aggregare velis.

M. le Secrétaire de l'Evêché ou le directeur diocésain des Œuvres, servent souvent d'intermédiaires, entre les diverses confréries du diocèse et les archiconfréries, et font parvenir les pièces nécessaires pour les agrégations.

5° Le Directeur s'occupera de l'installation. Elle doit se faire avec la plus grande solennité. On choisira de préférence une fête. Le prêtre muni de la délégation de l'Evêché, après le chant du

---

(1) Le titre de Directeur donné à un curé par l'Evêque, lors de l'érection d'une confrérie dans sa paroisse, passe aux prêtres qui lui succèdent dans ses fonctions pastorales, sauf le cas de la révocation de ce titre par l'Ordinaire lui-même. Cette succession de titre n'aurait pas lieu en faveur d'un prêtre qui remplacerait un vicaire.

Veni Creator et une allocution, prononce la formule suivante :

Vu les lettres et ordonnances de Monseigneur... évêque de N... en date du... statuant qu'une congrégation d'hommes... sous le titre et l'invocation de N... et sous le patronage de N... sera érigée dans l'église de N... en vertu d'une délégation de Monseigneur l'Evêque, à nous octroyée en date du..., à l'effet de procéder à l'érection canonique de la dite congrégation, Nous, N..., érigeons et déclarons canoniquement érigée dans cette église de N... la congrégation des hommes, sous le titre et l'invocation de N... et le patronage de N...

Observations : L'établissement des *confréries* est un acte de juridiction épiscopale, entièrement réservé à l'Evêque, et nulle confrérie ne doit être établie sans son consentement et approbation.

Les *confréries* érigées dans les églises paroissiales, seront en tout soumises au curé du lieu, ou à son vicaire spécialement délégué par lui, quand il aura le pouvoir de déléguer, le tout suivant les règlements établis par l'Evêque. Si quelques *confréries* ont été établies dans des oratoires, chapelles, ou lieux exempts de la juridiction curiale, les évêques auront soin de déterminer leurs droits, fonctions et prérogatives, charges et obligations, si exactement que toute occasion de division et de contestation entre lesdites *confréries* et les paroisses, soit écartée.

Les confréries, n'étant plus reconnues par la loi, ne peuvent, par conséquent, avoir l'exercice d'aucune action soit active soit passive, ni profiter directement des dons qui leur seraient faits. Nous n'entendons parler ici que des dons qui auraient besoin de l'autorisation du gouvernement. Cependant si ces dons quoique faits à la confrérie étaient destinés aux réparations et à l'embellissement d'une chapelle de l'église paroissiale, ils pourraient être acceptés par la fabrique et autorisés.

Les fabriques n'ont pas droit de voir les comptes

des confréries et encore moins de disposer de leurs deniers (1).

Nous ne saurions mieux terminer ce chapitre qu'en citant les paroles que S. S. Léon XIII, vient d'adresser aux évêques de Hongrie : « Nous regardons comme très nécessaire que le clergé mette beaucoup d'ardeur à rendre aux Associations ou Confréries laïques encore existantes l'éclat qu'elles avaient autrefois. Il s'agit, en effet, du bien général de la religion, non moins que de celui de ces Sociétés ; car, sans parler des autres avantages, ces confréries peuvent vous être d'un grand secours, à vous et à votre clergé, pour entretenir, parmi le peuple, la piété, la vie chrétienne, et aussi pour affermir cet accord salutaire des esprits et des volontés, que Nous désirons si vivement » (2).

CHAPITRE IV.

Cercles catholiques d'ouvriers.

On appelle *cercle* une association dont les membres se réunissent dans un local pour causer, jouer, lire les journaux, etc... Si, ceux qui s'assemblent ainsi, sont des hommes du travail manuel nous aurons un *cercle d'ouvriers*. On lui donnera le nom de *cercle catholique* si dans ces réunions on trouve tout ce qui peut entretenir ou développer la vie morale et chrétienne.

Les Tiers-Ordres ou les Confréries sont les associations qui ont nos préférences. Nous voudrions que, durant la semaine, l'ouvrier après ses

---

(1) Droit Canon, par l'abbé André.
Traité des indulgences, par Mgr Bouvier.

(2) Lettre Encyclique de N. T. S. P. le pape Léon XIII (2 septembre 1893).

longues heures de travail, le dimanche après avoir assisté aux offices paroissiaux et aux exercices de la Confrérie, se retire dans le sanctuaire de sa famille, auprès de son épouse et de ses enfants. Malheureusement il n'en est point ainsi. Sous prétexte de se délasser, de se distraire il ira passer de longues heures dans les cafés, les cabarets, les théâtres, où l'attendent mille dangers. De plus, combien d'ouvriers, surtout dans les villes, sont séparés de leur famille? La nécessité ne s'impose-t-elle pas de procurer aux uns et aux autres des centres de réunion où ils trouveront; 1° Un asile dans lequel la présence habituelle du prêtre et le bon exemple leur faciliteront l'accomplissement des devoirs religieux; 2° de bons camarades avec lesquels ils pourront former des amitiés solides et sûres; 3° des conférences religieuses, scientifiques; des journaux, des publications spéciales; 4° des comités pour l'étude des questions sociales et ouvrières; 5° des institutions charitables telles que secours mutuels, caisse d'épargne, secours à domicile; 6° des distractions honnêtes, etc., etc.

Quelle méthode devons-nous suivre pour fonder un Cercle ? Nous ne saurions mieux répondre qu'en résumant ce que dit à ce sujet un maître consommé, M. Timon-David (1). La première, la principale, la presque unique condition, c'est d'avoir un homme capable de diriger le cercle. On voit de fervents catholiques, pleins de zèle prendre des peines immenses pour fonder des cercles, chercher des locaux, dépenser des sommes folles, réunir tous les genres de plaisirs honnêtes, organiser des théâtres et puis tristement échouer après peu de mois. On avait un comité, mais quatre, dix, vingt personnes dévouées ne sont pas un di-

---

(1) Méthode de direction des Œuvres de Jeunesse. T. II. ch. I.

recteur, n'en ont pas l'autorité, la responsabilité, l'expérience, l'assiduité. Trouvez un homme intelligent, énergique, prêt à tous les sacrifices. Quand vous aurez trouvé ce trésor, prêtre ou laïque, religieux ou séculier, alors seulement fondez votre cercle et laissez une entière indépendance à son Directeur (1).

Le Directeur trouvé, *quel genre d'ouvriers faudra-t-il recevoir?* De vrais chrétiens, des demi-chrétiens? Le choix serait difficile et sujet à de nombreuses erreurs. Dans les petites villes, où tout le monde se connaît, ceux que vous refuseriez d'admettre, vexés dans leur amour-propre, deviendraient vos ennemis déclarés et irréconciliables. Pour éviter ces inconvénients et surmonter ces difficultés, appliquez-vous à former un noyau de quatre ou cinq vrais chrétiens. Augmentez successivement ce nombre, formez-les avec le plus grand soin aux vertus chrétiennes, et en particulier à l'humilité, à l'obéissance, au zèle; à la vraie piété, faites-leur fréquenter assidûment les sacrements. Que ces assemblées soient secrètes, le mystère est le plus grand succès des mauvaises sociétés. Ce noyau sera l'âme du cercle, il se modèlera sur lui et lui communiquera son bon esprit.

Il est très important de n'admettre les jeunes gens qu'après dix-huit ans. Avant cet âge, ils sont incapables d'user sagement de la liberté des cercles, ils y prennent des mauvaises habitudes de boissons, de jeux, de pipes, qui viendront trop tôt sans que l'exemple les excite davantage. Ils sont en outre trop bruyants, ne comprennent pas en-

(1) Faudra-t-il donc supprimer tout comité? Nous ne le pensons pas. Un groupe d'hommes de la classe dirigeante peuvent très efficacement seconder l'action du Directeur, par leur présence au cercle, leurs conseils, leurs ressources, leur apostolat auprès des ouvriers, etc.

core les convenances des bonnes mœurs extérieures. Les jeunes gens entre eux s'excitent à toutes sortes de mal, ils ne font du cercle qu'un prétexte pour sortir de chez eux, se soustraire à la surveillance des parents et finir leur soirée dans les lieux dangereux ou mauvais (1). Partout où ce serait possible, on devrait faire d'abord une œuvre de jeunesse, et plus tard seulement un cercle qui en serait le couronnement.

Dans un cercle, il faut qu'on s'amuse, on n'y viendra pas sans cela. Mais l'excès d'une chose qui est déjà par elle-même un mal, nécessaire si on veut, mais un mal, demande à être réglé avec beaucoup de prudence. Bannissez les divertissements trop profanes. Les soirées théâtrales (2) sont dangereuses, surtout si les femmes y sont admises. On doit défendre les jeux de hasard et de jouer de l'argent. Il serait prudent de ne point permettre l'usage des boissons alcooliques.

Veillez surtout à ce que l'esprit du cercle soit véritablement religieux et que son foyer principal soit la chapelle. Que l'aumônier (3), par des instructions fréquentes, entretienne les principes de

---

(1) L'expérience nous a montré la justesse de cette observation. Dès le principe, nous avions cru admettre les jeunes gens le soir. Nous n'avons pas tardé à supprimer ces réunions, à cause des dangers signalés par M. le chanoine Timon-David. Aussi sommes-nous d'avis qu'on doit rarement recevoir dans les œuvres, après huit heures, les enfants ou même les jeunes gens que les parents peuvent encore retenir auprès d'eux.

(2) Les représentations payantes sont soumises à un droit pour les pauvres, qui ne dépassera pas le 10 p. %. On peut attendre qu'il soit réclamé par l'administration.

(3) Dans les petites localités, l'aumônier pourra être M. le Curé ou un vicaire de la paroisse, et la chapelle du cercle pourra être remplacée par l'église paroissiale, dans laquelle une chapelle ou tout au moins une place spéciale sera réservée aux membres du cercle.

la foi chrétienne qui, seuls, peuvent former des hommes vertueux, assurer l'union entre les membres du cercle et devenir la source de leur bonheur.

Les Cercles devant la loi. — Toute association peut se former librement, sans autorisation, toutes les fois qu'elle ne compte pas plus de vingt personnes. Dans le chiffre de vingt personnes ne sont pas comprises les personnes domiciliées dans la maison où l'association se réunit (art. 291 du Code pénal); mais, en revanche, alors même que l'association serait divisée en groupes moindres de vingt personnes, elle est illicite si le chiffre total des associés dépasse vingt (L. 20 avril 1834).

Par conséquent, *un Cercle qui compte plus de vingt personnes doit être autorisé, sinon il est illicite et tombe sous le coup des articles 291 et suiv. du Code pénal.*

Pour obtenir *cette autorisation* il faut adresser au Préfet une pétition sur papier timbré, accompagnée de trois exemplaires d'un règlement, sur papier libre, signés du Directeur ou du Président, indiquant en une dizaine d'articles et une ou deux pages: 1° le but de l'Œuvre; 2° les principaux moyens; 3° la Direction; 4° le local. Ces pièces sont remises soit directement à la préfecture, soit au maire, suivant la facilité des relations, soit à l'Evêché, si l'œuvre est en rapport avec l'autorité épiscopale.

Nota. — On ne peut considérer comme cercle, la réunion même quotidienne d'adultes qu'une personne reçoit chez elle, sans qu'aucun lien existe entre les invités, et alors que leur hôte commun reste absolument maître de recevoir qui bon lui semble et quand il lui plaît.

Des nouvelles taxes concernant les cercles.

1° Législation. — Décret du 1er avril 1890.

Le Président de la République Française.
Sur le rapport du ministre des finances.
Vu l'article 4 de la loi de finances du 17 juillet 1889, ainsi conçu :

« L'article 9 de la loi du 16 septembre 1871, qui établit un impôt sur les cercles, sociétés et lieux de réunion où se payent des cotisations, est modifié ainsi qu'il suit, en ce qui concerne le paragraphe 1er.

« L'impôt sur les cercles, sociétés et lieux de réunion où se payent des cotisations, est perçu d'après leurs ressources totales annuelles, y compris celles qui correspondent à des avantages accordés à leurs employés. La taxe sera acquittée par les gérants, secrétaires ou trésoriers.

« L'impôt est de 10 % lorsque les ressources annuelles sont inférieures à 6.000 francs et de 20 % lorsqu'elles égalent ou dépassent 6.000 francs.

« Un règlement d'administration publique déterminera les mesures nécessaires pour l'exécution des dispositions qui précédent. »

Le Conseil d'État entendu,

Décrète :

Art. 1er. — Les gérants, secrétaires ou trésoriers des cercles, sociétés et lieux de réunion passibles de la taxe doivent faire chaque année, du 1er au 31 janvier, à la mairie des communes dans lesquelles se trouvent lesdits établissements, une déclaration indiquant le montant total des ressources annuelles du cercle, de la société ou de la réunion pour l'année précédente, y compris les ressources correspondant à des avantages accordés à leurs employés.

Art. 2. — La déclaration indique séparément et dans les formes prescrites par l'article 4 ci-après :

1° Le montant des cotisations annuelles, temporaires, supplémentaires ou exceptionnelles des abonnés, membres ou associés ayant fait partie, pendant l'année précédente, du cercle, de la société ou de la réunion ;

2° Celui des droits d'entrée des membres, abonnés ou associés nouvellement admis ;

3° Les sommes payées par des personnes autres que les membres, les abonnés ou les associés, pour être introduites, même temporairement ou exceptionnellement, dans le Cercle, la société ou la réunion ;

4° Le produit des amendes imposées en conformité des statuts ou règlements ;

5° Le produit net des collectes, quêtes, souscriptions, tombolas, expositions et fêtes diverses organisées au profit de l'établissement ou de ses employés ;

6° Le montant brut des sommes prélevées sur les enjeux, quels que soient la destination et le mode de perception des prélèvements ;

7° Le montant des frais, droits et redevances perçus pour l'usage des objets servant aux jeux de toute espèce, et des bénéfices réalisés sur la vente ou la revente de ces objets ;

8° Le bénéfice réalisé sur la vente ou la fourniture des objets de consommation, s'ils sont fournis par l'établissement ou par les employés ;

9° Le bénéfice provenant de la location de chambres ou d'appartements meublés, aux personnes qui fréquentent l'établissement ;

10° Le produit de la concession à des tiers du droit de fournir aux personnes fréquentant l'établissement les objets de consommation, l'emplacement ou le matériel des jeux et autres objets ;

11° Le produit brut du droit de lecture et le montant de la sous-location ou de la vente des publications reçues par l'établissement ;

12° Les loyers, redevances et indemnités perçus pour la location, l'abandon ou la concession, même temporaire, des locaux, emplacements, meubles et matériel affectés à l'usage direct du cercle, de la société ou de la réunion ;

13° Le bénéfice provenant de la location à des tiers des immeubles autres que ceux qui sont affectés à l'usage direct du cercle, de la société ou de la réunion, en tant que ce bénéfice rentrerait dans les ressources annuelles de l'établissement ;

14° Les sommes provenant de subventions ou de libéralités et employées pendant l'année au profit de l'établissement ou de son personnel, à l'exclusion des sommes ayant fait l'objet de placements ;

15° Les rentes et revenus produits par les valeurs et capitaux possédés par l'établissement et tous autres revenus, recettes et perceptions constituant pour le cercle, la société ou la réunion, des ressources annuelles.

Art. 3. — La déclaration doit relater le montant total des ressources de l'année précédente. Elle fait ressortir la distinction entre les sommes recouvrées et celles qui restent à recouvrer pour la même année. La taxe porte sur l'ensemble.

La déclaration ne comprend pas les sommes recouvrées au titre de restant à payer d'exercices antérieurs.

Art. 4. — La déclaration est faite sur une formule conforme au modèle ci-annexé. Elle présente, lorsqu'il y a lieu, pour chacune des ressources énumérées à l'article 2, les indications spécifiées au modèle dont il s'agit. Le montant des ressources devant servir de base à l'impôt est totalisée en chiffres et en toutes lettres.

La déclaration est certifiée sincère et véritable et signée par le gérant, le secrétaire ou le trésorier. Si elle est effectuée par un fondé de pouvoir, cette circonstance y est relatée.

Le dépôt de la déclaration est mentionné sur un registre spécial où doit être reproduit le total des ressources destiné à servir de base à l'impôt. La mention inscrite est signée par le gérant, le secrétaire ou le trésorier. Dans le cas où le dépôt serait effectué par un fondé de pouvoir, la signature de ce dernier serait accompagnée de l'énoncé de sa qualité.

Il est délivré un récépissé de la déclaration ; le montant total des ressources déclarées comme devant servir de base à l'impôt, y est reproduit.

Art. 5. — Les déclarations sont vérifiées par les agents des contributions directes.

Les gérants, secrétaires ou trésoriers des cercles, sociétés ou lieux de réunion sont admis à produire, à l'appui de leurs déclarations, leurs livres, comptes, bilans et tous autres documents de nature à permettre d'en apprécier l'exactitude.

Art. 6. — Dans le cas de dissolution ou de fermeture, en cours d'exercice, d'un cercle, d'une société ou d'un lieu de réunion, la taxe est payée immédiatement.

A cet effet, une déclaration est faite, conformément aux articles 2 à 4 du présent décret, dans les dix jours de la dissolution ou de la fermeture ; cette déclaration est immédiatement transmise par le maire au directeur des contributions directes, qui établit un rôle spécial et donne avis au redevable du montant de la somme à acquitter ; le payement doit avoir lieu dans les dix jours de la réception de cet avis.

Art. 7. — Le présent décret est applicable aux ressources des cercles, sociétés ou lieux de réunion pour l'année 1890.

Art. 8. — Les dispositions du décret du 27 décembre 1871 sont abrogées en ce qu'elles ont de contraire à celles du présent décret.

2° Quelques éclaircissements.

La loi du 17 juillet 1889, en élevant le taux de l'impôt, n'en a pas modifié l'assiette, telle qu'elle résulte de l'art. 9 de la loi du 16 septembre 1871 : elle a donc laissé subsister la disposition du paragraphe second de l'art. 9 précité, qui dispense de la taxe les sociétés de bienfaisance et de secours mutuel, ainsi que celles exclusivement scientifiques, littéraires, agricoles, musicales, dont les réunions ne sont pas quotidiennes. La jurisprudence a fait bénéficier de cette exemption : 1° une société composée d'enfants et jeunes enfants, aux dépenses de laquelle il est pourvu au moyen de souscriptions et ayant pour but de former au bien les membres qui la composent, quand même ceux-ci trouveraient au lieu de de réunion des moyens de récréation (Cons. d'Etat, 14 mai 1875); 2° un cercle dirigé par des Frères et ayant pour but de conserver, dans les jeunes gens qui en font partie, des principes religieux au moyen d'exercices ayant lieu trois fois par semaine et de secourir ceux d'entre eux qui sont malades ou nécessiteux, quand même les membres trouvent au lieu de réunion des moyens de récréation (Cons. d'Etat, 7 août 1874). Mais la même immunité a été refusée aux Cercles catholiques d'ouvriers proprement dits (Cons. d'Etat, 26 mai 1876). Cette décision, assez difficile à concilier avec les précédentes, montre la tendance de la jurisprudence à une interprétration très rigoureuse de la loi.

La circonstance qu'un cercle n'a pas été autorisé administrativement et ne subsiste que par tolérance, ne parait pas pouvoir l'affranchir de la taxe. Il est de principe en matière fiscale que la régie n'a pas à tenir compte du caractère régulier ou irrégulier du fait qui donne lieu à l'impôt : d'ailleurs l'existence d'un cercle dans des conditions contraires à la loi ne saurait lui créer un titre à l'exemption de la taxe.

Mais, comme il a été dit plus haut, la loi de 1889 et le décret qui en réglemente l'exécution n'ayant modifié que le taux de l'impôt sans l'étendre à des cas nouveaux, il n'y a pas lieu de faire de déclaration pour les cercles ou sociétés qui jusqu'à présent n'y étaient pas soumis.

Il n'est pas douteux que la taxe frappe désormais toutes les diverses branches de recettes des cercles d'ouvriers, à savoir : 1° La cotisation des membres ouvriers ; 2° la cotisation des membres du Comité ou Conseil de quartier et des Dames patronesses ; 3° les ressources extraordinaires provenant de soirées théâtrales, sermons, quêtes, ventes, etc.

L'art. 9 de la loi du 16 septembre 1871 ne frappait de l'impôt que les cotisations payées par les membres ou associés. Il y avait donc lieu de distinguer entre les cotisations ou ressources ordinaires, seules assujetties à la taxe, et les ressources extraordinaires qui en étaient exemptes. Cette distinction n'est plus possible aujourd'hui, et l'art. 4 de la loi du 17 juillet 1889 semble avoir eu précisément pour but de l'effacer, en faisant rentrer sous l'empire de la loi fiscale les recettes extraordinaires que la loi de 1891 laissait en dehors. En effet, l'article 4 précité dispose que désormais l'impôt sur les cercles, sociétés et lieux de réunion où se paient des cotisations est perçu d'après leurs ressources totales annuelles, c'est-à-dire que la taxe frappe la totalité des recettes effectuées par le cercle pendant l'année qui précède la déclaration, quelle que soit la nature ou la provenance de la recette, sans distinction entre celles qui ont un caractère périodique et régulier, et celles qui sont extraordinaires.

Le texte de la loi, par lui-même très clair, est confirmé par le projet de règlement du Conseil d'État et le modèle de la déclaration à souscrire par les gérants du cercle qui y est annexé. L'art. 2 du règlement énumère, dans une nomenclature qui ne compte pas moins de 15 paragraphes les divers objets sur lesquels doit porter cette déclaration. Rien n'y est oublié, parmi les recettes ordinaires ou extraordinaires, et le numéro 4 de cette énumération vise expressément le produit net des collectes, quêtes, souscriptions, tombolas, expositions et fêtes diverses organisées au profit de l'établissement ou de ses employés.

Il n'est donc pas possible de soustraire à la déclaration les ressources provenant des soirées théâtrales, quêtes, etc.

Peut-être pourrait-on discuter pour la cotisation des bienfaiteurs, qui ne sont pas en même temps membres du cercle, par exemple des Dames patronnesses, en se fondant sur ce que le règlement ne vise pas nommément cette situation. Mais cette tentative n'aurait à nos yeux aucune chance de succès devant la juridiction administrative en présence du texte de l'art 4 de la loi du 17 juillet 1889, dont la portée est d'une généralité absolue et qui atteint toutes les ressources annuelles des cercles. On ne peut nier que la cotisation des bienfaiteurs ne présente le caractère d'une ressource pour le cercle, et ne rentre par conséquent dans les prévisions de la loi.

D'autre part, l'arrêt du Conseil d'Etat du 26 mai 1876 a refusé de faire participer les cercles d'ouvriers à l'immunité que la loi accorde aux sociétés de bienfaisance. Il n'existe donc aucun moyen pour eux de s'affranchir des exigences rigoureuses de la loi fiscale.

CHAPITRE V.

Associations professionnelles.

L'association professionnelle, désignée habituellement sous le nom de corporation, maîtrise ou syndicat, peut se définir : un groupement de personnes appartenant au même métier ou à la même industrie, formé dans le double but de protéger les intérêts professionnels en même temps que ceux du public.

Ces associations protègent les intérêts de la *profession* : en veillant sur l'éducation des apprentis ; en favorisant l'union et l'entente entre les patrons et les ouvriers, notamment sur les questions de salaire, de réglementation du travail; en facilitant les achats avantageux ou la vente des produits ; en interdisant toute concurrence déloyale ; en prêtant un appui ou un secours en cas de maladie ou infortune.

Elles protègent les intérêts des *clients*, puisqu'elles veillent à ce que la justice ne soit pas lésée dans les relations avec le consommateur. Ce que l'on obtient par le contrôle des syndics sur les produits, tant au point de vue de la façon que des prix. L'association permet de produire davantage et à meilleur compte, à cause de l'achat en gros des matières premières et de l'acquisition d'un outillage perfectionné. Il devient dès lors possible de livrer les marchandises à bon marché.

Les associations d'arts et métiers sont *mixtes* quand elles se composent de patrons et d'ouvriers. Elles seront *chrétiennes*, si tout en s'occupant des intérêts matériels, elles se placent sous l'égide de la religion et prennent soin des intérêts spirituels (1). Elles seront *laïques*, si elles n'emploient que des moyens humains et ne songent qu'aux intérêts matériels de leurs membres.

Il est utile, nous dirons même indispensable, que ces sociétés aient une existence *légale*. Car si elles ne sont pas reconnues par la loi, leurs actes sont dépourvus de sanction et restent lettres mortes.

Les corporations dans le passé.

L'organisation corporative remonte à une très haute antiquité. Les histoires les plus anciennes parlent des corporations d'Egypte et de Phénicie. A Rome, chaque industrie formait un collège ou association comprenant tous les membres de la même profession et leur famille (*collegia fabro-*

---

(1) Telles étaient les *corporations* du moyen-âge, qui avaient comme complément la *confrérie*. Celle-ci protégeait les biens spirituels, tandis que la corporation veillait sur le temporel. Peu à peu cette distinction a disparu dans le langage, et l'on a fini par qualifier indistinctement de l'un et de l'autre mot les communautés d'arts et métiers. Parfois des professions différentes se réunissaient en une seule confrérie.

rum). Lors de la conquête des Gaules, les Romains organisèrent ce régime du travail dans notre pays.

L'Eglise, qui avait fait sortir l'ouvrier de l'esclavage, toujours soucieuse de ses intérêts, s'empresse de relever ces institutions professionnelles, d'écarter tous les obstacles qui s'opposaient à leur développement, de les soustraire aux funestes influences, de les présenter au soleil divin pour les éclairer et les réchauffer, de leur faire respirer une atmosphère religieuse. Sous cette action bienfaisante, ces associations atteignent bientôt leur complet épanouissement et produisent des fruits abondants. Arrêtons-nous un instant à étudier leur vie intime.

La corporation comprenait trois classes de personnes : 1° les apprentis ; 2° les compagnons, qu'on appelait aussi ouvriers ou valets ; 3° les patrons ou maîtres.

Apprentis. — Les apprentis étaient des enfants ou des jeunes gens placés chez des maîtres pour y apprendre les éléments du métier. C'était un nouvel enfant qui entrait dans la maison du patron, partageant avec ses propres fils la place au foyer, à la table et même au cœur paternel. Le nombre d'apprentis était limité, le maître pouvait ainsi prendre plus de soin de l'instruction professionnelle de son élève. Bien que le dernier dans la hiérarchie corporative, il faisait néanmoins partie de l'Association. La durée de l'apprentissage variait de dix-huit mois à quatre ans, selon le métier. A l'expiration du délai règlementaire, le jeune ouvrier subissait un examen devant les syndics et en cas de succès, il recevait le brevet de compagnon.

Compagnons. — On appelait compagnons, les ouvriers ayant déjà acquis, pendant leur apprentissage, une connaissance suffisante de l'état et recevant de leurs maîtres des gages en même temps que le perfectionnement de leur éducation professionnelle. Les compagnons prenaient part aux divers actes de la vie corporative et participaient à tous ses avantages. Le désir de se perfectionner dans leurs métiers amena ces ouvriers à travailler chez divers patrons et dans différentes villes. C'est ce voyage qu'on appela *le tour de France*. Afin de se prêter un appui mutuel, ils organisèrent une association sous le nom de *compagnonnage*. Le titre de membre de cette société assurait des amis en arrivant dans une ville inconnue, du pain et des secours en cas de détresse et de maladie.

Maîtres. — Au terme du stage, le compagnon présentait ses brevets d'apprenti et d'ouvrier, avec un certificat de bonne conduite, aux chefs de la corporation. Ceux-ci, après examen des pièces, déclaraient le candidat *aspirant à la maîtrise*. Ce dernier était placé dans l'atelier d'un baille « ou en tout autre lieu non suspect, » il devait exécuter sous les yeux des gardes jurés (1), un *chef d'œuvre*, c'est-à-dire un travail prouvant qu'il possédait la connaissance approfondie de son métier. Voici à ce propos les prescriptions de certains statuts.

Corporation des boulangers de la ville de Mende (2).

Lorsque quelqu'un se présentera pour être reçu boulanger on lui fera faire pour l'éprouver une fournée qu'il pétrira lui-même et chauffera le four et faira cuire le pain et ne pourra être reçu que le pain ne soit présenté à Messieurs les officiers et consuls et par eux trouvé de qualité requise ; après quoi les deux bailles iront présenter à Mgr l'Evêque le préposé et lui demanderont la permission de le recevoir dans leur confrérie en portant un

(1) Les jurés étaient des magistrats choisis parmi les maitres qui avaient prêté serment de faire respecter les règles et les droits de la corporation.

(2) Toutes les citations de ce chapitre à moins d'indication contraire, sont tirées des statuts des corporations de Mende. Ces règlements ont été publiés par le *Bulletin de la Société d'Agriculture* de la Lozère en 1885.

certificat de Messieurs les officiers et consuls, attestant qu'il a été trouvé idoine à être admis au nombre des boulangers.

Chez les *serruriers*, l'aspirant devait fabriquer une serrure à tour et demi.

Les *médecins*, les *apothicaires*, les *chirurgiens* devaient eux-aussi subir une épreuve. « Au jour et dans la maison assignés par les bailles, le prétendant, avec un parrain tel qu'il luy plaira prendre du corps et de son art, se présentera debout et devant un pulpitre et souffrira l'examen, pendant le temps accoustumé, des matières qui concernent son mestier, sçavoir, s'il est pharmacien: de l'explication des ordonnances qui luy seront présentées, sur le champ, des noms des simples et des drogues, et des préparations des remèdes, tant galeniques que chimiques, suivant Baudecron et Beguin ou Lemery; que, s'il est chirurgien, il sera examiné sur l'anatomie, nature des tumeurs, ulcères, playes frachères et dislocations, de la méthode d'y remédier par bandages et opérations, manuelles et autres, comme de trapan, laryngothomie, etc.

Si le prétendant n'est jugé capable, il sera charitablement renvoyé pour un temps qui luy sera assigné. »

Le chef-d'œuvre fait et reçu par les bayles assistés souvent du procureur du Roi, le compagnon arrivait à la *maîtrise*. Il payait son droit d'entrée, jurait sur les Saints Evangiles « de porter honneur aux anciens maîtres, d'être fidèle aux statuts de la société et de les faire observer autour de lui. » Désormais il avait le droit d'exercer son métier pour son compte et de l'enseigner aux autres (1).

Les épreuves étaient simplifiées pour les fils des maîtres du métier ; ils étaient en effet censés avoir appris auprès de leurs pères, avec la capacité professionnelle, les traditions d'honnêteté. Le chef-d'œuvre était parfois supprimé ou remplacé par une simple expérience. Les droits d'entrée étaient considérablement réduits.

Gouvernement. — La corporation était administrée par des chefs choisis parmi ses membres.

---

(1). Si la maitrise donnait le *privilège* de la profession, elle n'en donnait pas toujours le *monopole*. La Corporation n'était pas obligatoire. Les statuts de divers pays parlent d'une catégorie d'artisans qu'ils désignent sous le nom de *privat* ou *étrangier*.

Ils portaient le nom de bayles. On leur adjoignait des conseillers, dont le nombre variait selon l'importance de l'Association. Ces dignitaires étaient renouvelables chaque année. Les élections avaient lieu à l'époque de la fête patronale du métier. Quiconque refusait d'accepter les fonctions de *bayle* devait payer une amende (1).

Les bailles avaient pour mission: de convoquer la Société toutes les fois qu'il s'agissait d'assister aux messes, aux enterrements, aux processions et à toutes les réunions de la communauté; de recevoir les amendes, les droits d'apprentissage, de lèvement de boutique; ils décidaient les différends qui s'élevaient parmi les confrères; ils devaient inspecter les ateliers, surveiller la qualité des marchandises, recevoir les plaintes des consommateurs. Dans toutes les réunions, ils avaient la préséance sur tous les autres membres de la corporation.

Vie religieuse de la Corporation. — Nous avons sous les yeux les statuts de nombreuses corporations établies dans différentes villes et tous manifestent d'une manière éclatante, l'esprit de religion qui animait ces sociétés. On y trouve des règlements relatifs à la célébration des fêtes, à l'observation des lois de Dieu et de son Eglise, à la fidélité aux exercices de piété. Les statuts des maçons débutent de la manière suivante:

Et prumeyramen an proumes et jurat sobre Sans Evangelis, tots les confrayres, de leur propre et mere volontat de estre bons et fials confrayres de la Nativitat et de fayre dire una messa bassa tots les dimenges de l'an, à la gleiza de Nostra-Dama des Carmes, per un religios del couven.

(1) Es établit que tot homme que refuzara d'estre bayle de la dicha confrayra, pagara cinq livras tournes (confrérie des maçons. 1322).

Tous ceux qui ne voudront pas être bailles payeront cinq livres de cire (corp. de St-Eloi, 1502).

Item, es istat ordenat que tots les confrayres venran ausy ladicha messa al hora de las Laudes et diran cinq *Pater Noster* et cinq *Ave Maria* per testamen del confrayres vieux que Dieu los tenha en estamen de gratia et baylara chascun confrayre un denier tornes cade dimenge, en aquel que sera deputat per lo levar, et ayso per augmentar la confreiria.

Dans l'article 21 de la Confrérie de St-Eloi, nous lisons :

Item, est étably que chacun confrère sera tenu de dire un *Pater Noster* et un *Ave Maria*, tant pour les vieux que comme pour les morts, pour ceux qui ont fondé la confrérie et qui la maintiennent à l'honneur de Dieu, de Notre-Dame des Carmes et de Monsieur Saint Eloy qui les conserve et leur donne paix, et il aye mercy des trépassés.

Les statuts des *fondeurs* et *canoniers* de Toulouse commencent par cette touchante oraison :

Protecteur de ceux qui espèrent en vous, ô Dieu, sans lequel il ne peut y avoir rien de durable ni de saint, multipliez vos miséricordes sur nous, afin que, obéissant à vos lois et marchant sur vos traces, nous passions par les biens du temps sans perdre ceux de l'éternité, par Jésus-Christ N.-S. Ainsi soit-il. (1).

Dans le règlement de la confrérie du glorieux St Antoine, abbé (2), nous lisons :

Lorsque quelque confrère tombera malade, les autres seront tenus de prier Dieu pour luy, et mesme de le visiter charitablement pour l'exhorter à la patience et à se résigner à la volonté

(1) *Corporations ouvrières de la ville de Toulouse*, par M. Antoine du Bourg. Cette brochure contient des renseignements précis et intéressants sur l'ancienne organisation du travail.

(2) Cette confrérie existait à Mende avant 1379. Dans le renouvellement de ses statuts, en 1594, il est dit que « les premiers réglements n'avaient pu être retrouvés après la prise de Mende par les Huguenots hérétiques conduicts par le capitaine Merle, en l'an 1379, la nuit de Noël, lorsque le divin service de minuict se célébroit ès églises du dict Mende. A laquelle prise plusieurs des confraires de la dite confrairie de Monsieur Saint Anthoine et plusieurs aultres cytoyens catholiques furent cruellement et inhumainement tuez et massacrez par lesdits hérétiques, leurs maisons volées et pillées et la grande église de ceste ville ruinée et mise par terre. Nonobstant laquelle ruine et désolation, les confraires que Dieu a préservez après la dite prise, n'ayant perdu leur première dévotion à Dieu et à Monsieur Sainct Antoine, ont toujours entretenu la dicte confrérie comme leur a esté possible, jusques à maintenant.

de Dieu. Ils accompagneront le Saint Sacrement lorsqu'on le luy portera, avec le plus de respect et dévotion qu'il leur sera possible, avec six ou du moins quatre cierges allumés, qui seront portés par ceux que le baile aura advertis pour cela.

Tous les confrères sont exhortés de se confesser et de communier une fois le mois, ou du moins aux solennités de Pentecôte, de la Fête-Dieu, de l'Assomption Notre-Dame, de la Toussaint, de Noël et le jour de la fête du glorieux Saint Antoine, qu'ils doivent invoquer tous les jours de leur vie, afin qu'il leur obtienne la grâce de vivre en la crainte de Dieu et de mourir chrétiennement ; et pour cet effet, ils diront chaque jour, un *Pater* et un *Ave Maria*, et, tous les mois, une fois leur chapelet. On les exhorte aussi d'aller à l'église chaque jour pour saluer le Très-Saint Sacrement de l'autel.

Lorsque quelque confraire décèdera, le baille sera obligé de le faire sçavoir à tous les autres, lesquels seront tenus d'assister à ses funérailles, avec cierges allumés, s'il se peut ; et, le lendemain de son enterrement, on fera dire une messe basse pour les défunt dans la chapelle de la Confrérie, à laquelle les dits confrères sont exhortés de se trouver...

Ces prescriptions concernant les funérailles se retrouvent dans tous les règlements de ces institutions.

Egards mutuels. — Les liens les plus étroits de solidarité fraternelle unissaient entre eux les membres des corporations. La concurrence déloyale était prohibée sous les peines les plus sévères. L'achat des matières premières était sagement réglé. Un seul ne pouvait jamais les accaparer au détriment des autres. Dans toutes les grandes circonstances de la vie, l'ouvrier trouvait ses confrères autour de lui, au jour du mariage comme au jour de la mort. Les joies et les peines étaient en commun. Une active charité venait à l'aide de ceux qui étaient tombés dans l'infortune. Le confrère malade était mis à l'abri de la misère. Les citations suivantes viennent à l'appui de ce que nous venons de dire.

Corporation des boulangers (1692). — Art. 8. — Lorsque quelqu'un des maitres tombera malade, les autres nommeront un ou deux des confrères pour pétrir et cuire à sa place,afin que la ville ait toujours le pain nécessaire et que la famille du malade ne souffre point de son infirmité, et la Confrérie délibèrera de donner à ceux qui travailleront pour le malade quelque récompense dont on prendra les fonds sur la bourse commune à proportion des services qu'il aura rendus.

Art 10. — Lorsque quelqu'un des confrères ne sera pas en état de continuer son métier, faute d'avoir de quoi acheter les grains nécessaires, il ira le représenter aux deux bailles, qui le proposeront à l'assemblée, et l'on tâchera, du fonds qui est à la Confrérie ou de ce que chaque confrère voudra prêter, chacun suivant ses facultés, de lui avancer de quoi acheter du blé, et sera ledit confrère exact à rendre ce qu'on lui a prêté, parce qu'il doit toutoujours regarder le crédit qu'il faut conserver comme une ressource dans ses malheurs ou dans ses pertes.

Blanchiers (Tanneurs).(1595). — Et le cas advenant que quelques ungs des dictz confraires tombe malade, n'ayant moyen de ce fère tracter et pencer en sa maladie, les bailles le signifieront à tous les aultres et feront une collecte pour lui aider en sa dicte maladie.

Notaires. (1348). — Art. 8. — Auront soin les dictz confraires de se visiter les ungz les aultres lorsqu'ils seront affligés de maladie,pour s'offrir les charités et services qui pourront despandre d'eulx. Et s'exciteront l'ung l'aultre à dévotion pour visiter les prisonniers et aultres paouvres nécessiteux de la ville; se reprendront modestement et charitablement l'ung l'aultre quand quelque action sera comise par eux, qui pourrait donner escandalle, soit de faict ou de parolle. Laquelle repréhension sera reçue en bonne part par celly qui aura ainsin délingué.

Nous ne multiplierons pas ces citations qu'on retrouve dans tous les statuts avec les mêmes caractères de touchante et chrétienne fraternité.

Suppression. — Une telle organisation du travail, ne pouvait que produire d'heureux résultats. Les corporations maintenaient l'accord entre patrons et ouvriers, ils y trouvaient la dignité et la stabilité de leur condition; une forte éducation professionnelle; la sécurité du lendemain; la garantie de leurs droits; une équitable protection de leurs intérêts; un abri aux heures de crise et aux jours de vieillesse. Malheureusement, ces associations comme d'ailleurs toutes les institutions humaines n'échappèrent pas aux imperfections, même aux abus. La Réforme, souffle la première, l'esprit d'insubordination et affaiblit les liens de fraternité chrétienne, qui unissaient entre eux les membres de ces sociétés. L'égoïsme pousse les maîtres à se détacher de la corporation, pour créer des *maîtrises*, c'est-à-dire des associations, souvent organisées en vue de leurs propres intérêts.

Afin de conserver en leurs mains le monopole du travail et de répondre aux exigences fiscales de l'autorité royale, qui trouvait dans les corporations une source de revenus, les maîtres multiplient les difficultés de l'admission à la maîtrise. Le mépris de l'autorité se glisse parmi les compagnons qui, devenus méfiants envers les patrons, trouvèrent dans le *compagnonnage* un puissant moyen de résistance. De là les coalitions, les rixes parfois sanglantes, les chômages, qui viennent souvent troubler la paix publique et l'harmonie dans les corps de métier (1).

Ces abus, dont on ne peut nier l'existence, furent habilement exploités par les ennemis de l'Eglise

(1) Quand un compagnon avait à se plaindre d'un maître, sa plainte était examinée par le corps ; si elle était admise et si le maître refusait d'y faire droit, la boutique ou l'atelier étaient *damnés*, c'est-à-dire qu'il n'était permis à aucun des associés d'y travailler. Lorsque quelqu'un osait transgresser cette défense, il était maltraité par les autres compagnons. Parfois ils *damnaient* une ville tout entière. Alors tous la quittaient et laissaient les ateliers déserts et les travaux suspendus. Seuls, les chefs restaient afin d'empêcher aux ouvriers étrangers, qui pourraient arriver dans cette ville, d'y travailler. Ils devaient passer sans s'y arrêter. La franc-maçonnerie, surprenant la bonne foi de ces ouvriers, introduisit dans cette association son esprit satanique et ses rites mystérieux. Aussi l'Eglise ne tarda-t-elle pas à condamner le *compagnonnage* comme une société secrète, poursuivant le même but de la franc-maçonnerie dont elle peut être regardée comme la fille.

et de la société. Ces derniers, voyant dans les corporations un foyer de vie chrétienne et une force de résistance contre leurs théories subversives, avaient résolu de les détruire. Turgot les servit admirablement en obtenant l'édit de février 1776, qui supprimait les corporations, les jurandes et les maîtrises. Il eût été plus sage de les réformer que de les supprimer. Malgré leurs défauts, ces institutions avaient d'immenses avantages et le peuple y était fortement attaché. Aussi les réclamations les plus violentes se firent-elles entendre. Le Parlement de Paris ne craignit pas d'adresser des représentations au Roi par l'organe de son président et de l'avocat-général Seguier : « Le but qu'on a proposé à Votre Majesté, dit-il dans son brillant réquisitoire, est d'étendre et de multiplier le commerce en le délivrant des gênes, des entraves, des prohibitions introduites, dit-on, par le régime réglementaire. Nous osons, Sire, avancer à Votre Majesté la proposition diamétralement contraire ; ce sont ces gênes, ces entraves, ces prohibitions qui font la gloire, la sûreté, l'immensité du commerce de la France. »

Le Roi dut céder devant l'opinion publique. Turgot reçut l'ordre de se retirer. Peu de mois après, le 23 août 1776, Louis XVI, dans un second édit enregistré par le Parlement rétablit et réorganisa les corporations. Elles devaient bientôt disparaître sous l'action destructive de la Révolution qui, dans sa haine aveugle de l'Eglise, voulait détruire tout ce qu'elle avait créé. L'Assemblée Constituante décréta, le 17 mars 1791, l'abolition définitive des jurandes et des maîtrises : « A compter du 1er avril prochain, portait le décret, il sera libre à toute personne de faire tel négoce ou d'exercer telle profession, art et métier qu'elle trouvera bon. » On alla plus loin, dans la crainte de voir renaître les corporations. La loi du 14 juin 1791 défendit à tous ouvriers et compagnons, sous peine d'amende et de prison, de prendre des délibérations « *sur leurs prétendus intérêts communs.* » Les travailleurs étaient ainsi livrés sans défense à toutes les exploitations et à toutes les misères. Ces admirables institutions, qui avaient procuré à la France quatorze siècles de gloire, de grandeur et de prospérité, furent jetées à terre par les mains brutales des révolutionnaires.

Les Corporations dans le présent.

Syndicats professionnels.

Durant près d'un siècle, la loi de 1791 sur la prohibition des associations professionnelles est demeurée inscrite dans nos codes. Cette loi néfaste a été une des principales causes des malheurs de l'ouvrier. Privée des forces et de la sécurité commerciale qu'elle trouvait dans l'organisation corporative, la classe laborieuse n'a pu lutter contre le *capitalisme*. Celui-ci a créé la grande industrie et le grand commerce qui, par leurs vastes établissements, ont détruit le travail du petit atelier et le commerce des modestes magasins. On reprochait à l'ancien régime les difficultés qu'avaient les ouvriers pour devenir patrons. Aujourd'hui les abîmes creusés entre le capitalisme et le travail sont bien plus profonds.

Eclairés par cette triste expérience, poussés par le besoin instinctif de s'associer, car l'homme n'est pas fait pour vivre isolé, frappés du rôle considérable joué en Angleterre par les *Trad'es-unions* (1),

---

(1) Sous le nom de *Trad'es-unions*, (en français : unions de métiers), on désigne, en Angleterre, des associations ouvrières organisées dans le but : 1° De donner à leurs membres, en échange

les ouvriers réclamaient depuis longtemps le droit de s'unir pour défendre leurs intérêts. Ce droit leur a été accordé par la loi de 1884 sur les syndicats professionnels. Cette loi, qu'on peut appeler une loi de liberté, ce qui n'est pas chose commune, même sous un régime républicain, déclare entièrement libre la formation des associations professionnelles.

Loi du 21 mars 1884 sur les syndicats professionnels.

Article premier. — Sont abrogés la loi des 14-27 juin 1791 et l'art. 416 du Code pénal.

Les articles 291, 292, 293, 294 du Code pénal et la loi du 18 avril 1834, ne sont pas applicables aux syndicats professionnels.

Art. 2. — Les syndicats ou associations professionnelles, même de plus de vingt personnes, exerçant la même profession, des métiers similaires, ou des professions connexes concourant à l'établissement de produits déterminés, pourront se constituer librement sans l'autorisation du gouvernement.

Art. 3. — Les syndicats professionnels ont exclusivement pour objet l'étude et la défense des intérêts économiques, industriels, commerciaux et agricoles.

Art. 4. — Les fondateurs de tout syndicat professionnel devront déposer les statuts et les noms de ceux qui, à un titre quelconque, seront chargés de l'administration ou de la direction.

Ce dépôt aura lieu à la mairie de la localité où le syndicat est établi, et, à Paris, à la préfecture de la Seine.

Ce dépôt sera renouvelé à chaque changement de la direction ou des statuts.

Communication des statuts devra être donnée par le maire ou par le préfet de la Seine au procureur de la République.

Les membres de tout syndicat professionnel, chargés de l'ad-

---

de cotisations hebdomadaires, des secours en cas d'accidents, de maladie ou de chômage;

2° Des pensions lorsqu'ils deviennent incapables de travailler;

3° De payer, quand ils meurent, les frais de leurs funérailles;

4° Et enfin, ce qui caractérise surtout l'association, d'organiser une coalition permanente pour hausser le taux des salaires ou du moins en empêcher la diminution.

On évalue le nombre de leurs adhérents à 800.000 et à 25 millions leur fonds de cotisations.

ministration ou de la direction de ce syndicat, devront être Français et jouir de leurs droits civils.

Art. 5. — Les syndicats professionnels, régulièrement constitués d'après les prescriptions de la présente loi, pourront librement se concerter pour l'étude et la défense de leurs intérêts économiques, industriels, commerciaux et agricoles.

Ces unions devront faire connaître, conformément au deuxième paragraphe de l'art. 4, les noms des syndicats qui les composent.

Elles ne pourront posséder aucun immeuble, ni ester en justice.

Art. 6. — Les syndicats professionnels de patrons et d'ouvriers auront le droit d'ester en justice.

Ils pourront employer les sommes provenant des cotisations.

Toutefois, ils ne pourront acquérir d'autres immeubles que ceux qui seront nécessaires à leurs réunions, à leurs bibliothèques et à des cours d'instruction professionnelle.

Ils pourront sans autorisation, mais en se conformant aux autres dispositions de la loi, constituer entre leurs membres des caisses spéciales de secours mutuels et de retraites.

Ils pourront librement créer et administrer des offices de renseignements pour les offres et demandes de travail.

Ils pourront être consultés sur tous les différends et toutes les questions se rattachant à leur spécialité.

Dans les affaires contentieuses, les avis du syndicat seront tenus à la disposition des parties, qui pourront en prendre communication et copie.

Art. 7. — Tout membre d'un syndicat professionnel peut se retirer à tout instant de l'association, nonobstant toute clause contraire, mais sans préjudice du droit pour le syndicat de réclamer la cotisation de l'année courante.

Toute personne qui se retire d'un syndicat conserve le droit d'être membre des sociétés de secours mutuels et de pensions de retraite pour la vieillesse, à l'actif desquelles elle a contribué par des cotisations ou versements de fonds.

Art. 8. — Lorsque les biens auront été acquis contrairement aux dispositions de l'art. 6, la nullité de l'acquisition ou de la libéralité pourra être demandée par le procureur de la République ou par les intéressés. — Dans le cas d'acquisition à titre onéreux, les immeubles seront vendus et le prix en sera versé à la caisse de l'association. Dans le cas de libéralité, les biens feront retour aux déposants ou à leurs héritiers ou ayants cause.

Art. 9. — Les infractions aux dispositions des articles 2, 3, 4, 5 et 6 de la présente loi seront poursuivies contre les directeurs ou administrateurs des syndicats et punies d'une amende de 16 à 200 francs. — Les tribunaux pourront, en outre, à la diligence du procureur de la République, prononcer la dissolution du syndicat et la nullité des acquisitions d'immeubles faites en violation des dispositions de l'art. 6.

En cas de fausse déclaration relative aux statuts et aux noms et qualités des administrateurs ou directeurs, l'amende pourra être portée à 500 francs.

Art. 10. — La présente loi est applicable à l'Algérie.

Elle est également applicable aux colonies de la Martinique, de la Guadeloupe et de la Réunion. Toutefois, les travailleurs étrangers et engagés sous le nom d'émigrants ne pourront pas faire partie des syndicats.

Formalités et conditions. — La formation d'un syndicat comprend trois opérations : 1° Dresser la liste des adhérents qui ne doivent comprendre que les hommes exerçant la *même profession* (1) ou des métiers similaires ou des professions connexes concourant à l'établissement de produits déterminés. Le nombre des membres est illimité. Bien que la loi ait été faite principalement en vue des corporations ouvrières, elle paraît devoir être étendue à toutes les professions, même à celles dites libérales (2). Elle n'exclut que les fonction-

---

(1) La loi ne fait pas de catégories, elle ne distingue pas entre les qualités des personnes; que les uns soient ouvriers, que les autres soient patrons, employés ou contre-maitres, tous font partie de la même association, pourvu qu'ils appartiennent à des professions semblables ou connexes et qu'ils aient des intérêts communs.

(2) En ce sens, le tribunal de la Seine, 10 mars 1890; Cour d'appel de Paris, 4 juillet 1890 (Syndicat de professeurs libres). La jurisprudence de la Cour de cassation est en sens contraire : elle ne considère comme licites que les syndicats se rattachant à l'industrie, au commerce et à l'agriculture (Cass., 17 juin 1885) ; mais il est à prévoir qu'appelée à nouveau à se prononcer, lorsque le temps écoulé aura fait perdre de leur actualité aux circonstances qui ont entouré le vote de la loi, la Cour suprême modifiera sa manière de voir (*Précis de droit administratif*, par Maurice Hauriou, professeur à la Faculté de Droit de Toulouse).

naires; ceux-ci ne peuvent point former de syndicat parce que la force qu'ils puiseraient dans ce groupement volontaire serait hostile à la discipline et amènerait la désorganition de l'administration.

2° Rédiger les statuts. Les associations ont pleine liberté pour établir comme il leur convient les règles de leur administration.

3° Déposer les statuts et les noms de ceux qui à un titre quelconque seront chargés de la direction et de l'administration.

Ce dépôt a lieu à la mairie de la localité où le syndicat a son principal établissement. On devra exiger un récépissé du dépôt. Toute modification dans les statuts ou dans le personnel des directeurs ou administrateurs nécessite une déclaration nouvelle, sous peine d'amende édictée par l'article 9. Les noms des employés salariés n'ont pas besoin d'être notifiés à l'autorité administrative.

Le dépôt peut être fait sur papier libre. Cette formalité du dépôt des statuts et des noms des administrateurs est la seule qui soit exigible pour la constitution du syndicat. L'autorité judiciaire ou administrative, dans le silence des textes, n'a pas le droit de réclamer la communication de la liste des adhérents.

Le dépôt doit être fait en double expédition, et revêtu de la signature du président et du secrétaire du syndicat.

Fonctionnement des syndicats. — Les syndicats régulièrement constitués ont la personnalité civile. La circulaire du ministre de l'Intérieur du 25 août 1884, l'établit formellement. « Le syndicat, grâce à l'article 6, devient une personne juridique, d'une durée indéfinie, distincte de la personne de ses membres, capable d'acquérir, de posséder, de prêter, d'emprunter, d'ester en justice, etc. »

Ils peuvent être propriétaires; mais ici il y a une restriction. Dans la crainte du rétablissement des biens de main morte, la loi décide que les syndicats ne pourront acquérir d'autres immeubles que ceux nécessaires à leurs réunions, leurs bibliothèques, et à des cours professionnels. Pour tous les autres droits, d'après un avis du Conseil d'Etat du 30 juillet 1891, ils sont limitativement énumérés par la loi du 21 mars 1884 ; par suite, les syndicats n'ont pas le droit de recevoir des libéralités.

Objet du syndicat. — La formule que la loi emploie pour définir son action lui ouvre les horizons les plus larges : « L'étude et la défense des intérêts économiques, industriels, commerciaux et agricoles. » Il peut donc créer : des caisses d'assurances contre le chômage, la maladie ou la vieillesse, des sociétés coopératives (1). Il peut servir d'offices de renseignements pour les offres et les demandes de travail, etc.

Les *syndicats* et les *comices* sont deux choses essentiellement différentes. Le comice est une institution destinée à encourager le progrès agricole à l'aide de subventions officielles ou de souscriptions privées.

Le syndicat est une *association* où chacun des éléments de la classe agricole doit trouver sa place et exercer sa fonction pour le bien commun et l'intérêt particulier de chacun de ses membres. Les syndicats ont aussi certainement pour objet d'en-

(1) Pour la création des sociétés de secours mutuels ou de caisse de retraite, les syndicats devront se conformer aux dispositions des lois des 15 juillet 1850 et 26 mars 1852 et pour la fondation des sociétés coopératives on se conformera aux dispositions du titre III de la loi du 24 juillet 1867.

courager l'agriculture, soit en propageant les bonnes méthodes, soit en organisant des concours. Mais un syndicat qui ne ferait que cela ne se distinguerait pas d'une société d'agriculture ou d'un comice ; il ne constituerait pas une association. Les deux institutions ont donc leur raison d'être fort distincte. On comprend qu'à l'occasion elles puissent se combiner. Du moins, toujours peuvent-elles marcher d'accord en s'appuyant l'une sur l'autre, à plus forte raison sans se jalouser, ni se nuire.

La loi autorise l'*union* de plusieurs syndicats, sans leur reconnaître cependant la personnalité civile.

La religion et la politique, pour se conformer à la loi, doivent être bannies des syndicats. Cependant, un grand nombre d'associations ont été placées sous le vocable d'un saint patron ; le repos dominical, l'assistance à une messe annuelle pour le repos des membres défunts, ont été imposés statutairement, sans que l'autorité judiciaire ou administrative s'en soit émue. Mais cette tolérance n'est pas générale. Si on redoute des tracasseries de la part de l'administration, on peut inscrire les clauses religieuses dans un règlement intérieur.

Sanctions pénales. — L'article 9 punit d'une amende de 16 à 200 fr. les directeurs ou administrateurs qui ont commis une des contraventions suivantes : 1° La composition illégale des syndicats. Lorsque les personnes admises dans l'association sont étrangères à la profession ;

2° La poursuite d'un objet autre que la défense des intérêts économiques, industriels, commerciaux ou agricoles ;

3° Le défaut d'accomplissement des formalités nécessaires pour la constitution du syndicat. L'amende, dans ce sens, peut être portée jusqu'à 500 fr. ;

4° La violation des règles imposées pour l'acquisition ou la destination des immeubles.

L'article 9, à côté des peines qu'il prononce contre les directeurs ou administrateurs, place une autre sanction: la faculté pour le Procureur de la République de demander au tribunal la dissolution du syndicat lui-même.

Voici les statuts rédigés pour un syndicat agricole que nous avons établi à Florac, avec le précieux concours de M. le comte H. de Bernis. Ce règlement a été soumis au comité des jurisconsultes de l'œuvre des cercles catholiques d'ouvriers et a reçu son approbation.

SYNDICAT PROFESSIONNEL AGRICOLE

DE LA PAROISSE DE FLORAC

TITRE I.

Création et but. — Article premier. — *Création.* — Une Association syndicale est formée dans la paroisse de Florac (Lozère), entre propriétaires, cultivateurs, journaliers et autres personnes dont la profession se rattache à l'agriculture, ayant leur propriété ou leur domicile dans la circonscription de ladite paroisse, et qui adhèreront aux présents statuts.

Nota. Les membres honoraires et, à plus forte raison, ceux qui sont étrangers aux professions sus-indiquées, sont exclus du Syndicat. Néanmoins, pour remplir son but, le Syndicat pourra s'assurer le concours de personnes qui ne sont plus en activité d'exercice des dites professions, ou qui y sont même généralement étrangères, et dont les connaissances spéciales et les lumières peuvent être utiles à l'Association, telles que architectes, ingénieurs, chimistes, industriels et commerçants, jurisconsultes, médecins, économistes, publicistes, etc. etc.

Ces personnes seront choisies par le Bureau après avis du conseil syndical ; elles prendront la qualification de *membres auxiliaires* du Syndicat, mais sans faire partie de l'Association. Conséquemment, elles ne paieront aucune cotisation et n'auront aucun droit sur le patrimoine syndical ; elles pourront assister aux réunions, mais avec voix consultative seulement.

Art. 2. — Cette Association, régie par la loi du 21 mars 1884 sur les syndicats professionnels, est placée sous le patronage de saint Isidore, laboureur. Elle célèbrera sa fête patronale chaque année, à la date fixée par le Bureau.

Art. 3. — *But.* — Elle a pour but de cimenter une véritable union fraternelle entre les divers membres qui la composent; d'étudier toutes les questions intéressant l'agriculture; de rechercher les améliorations à introduire dans les exploitations rurales; de favoriser, en un mot, tout ce qui peut tendre au développement moral, intellectuel et professionnel de ses membres, ainsi qu'à l'amélioration de leur situation matérielle.

A cet effet, elle s'efforcera de créer une caisse de secours mutuels pour le cas de maladie. Elle organisera de même les locaux nécessaires à la réunion de ses membres. Ces locaux pourront comprendre des cabinets de lecture, bibliothèques, des salles destinées à des cours d'instruction professionnelle, etc.

Art. 4. — *Egards mutuels.* — Les associés doivent s'abstenir de parler mal de qui que ce soit, et surtout d'un membre du Syndicat.

Art. 5. — Ils éviteront entre eux, le plus possible, les procès; s'ils ne peuvent les éviter, ils s'efforceront au moins de les terminer à l'amiable, en recourant, à cet effet, à la Commission arbitrale du Syndicat.

Art 6. — Les jours de réunion seront aussi des jours de réconciliation.

Art. 7. — Lorsqu'un confrère sera malade, les membres du Bureau s'occuperont de lui procurer, de temps en temps, la visite de quelque membre de la Société, et s'il y a lieu, lui accorderont des secours.

Art. 8. — Si l'un des confrères vient à mourir, les sociétaires se feront un devoir de lui rendre les honneurs funèbres.

Le corps sera porté gratuitement par les membres de la corporation, lesquels s'acquitteront à tour de rôle de cette charitable fonction. Une amende de 1 franc, sauf excuse légitime, sera infligée au contrevenant. Les associés seront prévenus par les membres du Bureau.

Si l'épouse d'un membre du Syndicat vient à mourir, les femmes des associés seront priées d'assister à son enterrement. Les veuves des sociétaires ayant fait partie du Syndicat, peuvent participer à cet avantage en continuant de payer leur cotisation annuelle.

TITRE II.

Organisation du Syndicat. — Art. 9. — Les *Associés* sont reçus à titre de propriétaires, fermiers, ouvriers d'agriculture ou de professions connexes.

Leur cotisation est fixée à deux francs.

Art. 10. — Les cotisations sont payables d'avance. Elles seront recueillies suivant le mode de perception fixé par le Bureau.

Art. 11. — Tout membre du Syndicat peut démissionner quand bon lui semble, mais alors il perd tous les droits au patrimoine corporatif, et les cotisations versées jusqu'au jour de sa démission sont acquises à l'Association. Celle-ci peut même exiger le versement de la cotisation de l'année en cours, s'il n'a pas été fait.

Il conserve cependant le bénéfice du deuxième alinéa de l'art. 6 de la loi du 21 mars 1884.

TITRE III.

Administration. — Art. 12. — Le Syndicat sera administré par un Conseil et un Bureau.

Art. 13. — Les membres du Conseil syndical sont élus en assemblée générale, à la majorité absolue des présents pour les deux premiers tours de scrutin, à la majorité relative pour le troisième.

Art. 14. — Le Président du Conseil syndical, choisi par les membres du Conseil à la majorité des voix, devient par le fait même Président du Bureau.

Art. 15. — *Attributions du Conseil syndical.*

Le Conseil syndical décide sur les demandes d'admission.

Le Conseil prononce l'exclusion contre tout confrère qui déshonore la Corporation par sa conduite, ou dont la présence empêche la bonne marche et le fonctionnement de l'Association. Par le fait de cette exclusion, le membre qui en a été l'objet, en ce qui concerne ses cotisations, etc., est assimilé au membre démissionnaire (Art. 11).

Le Conseil prend les mesures propres à assurer tous les avantages matériels et moraux de l'Association. Il discute et vote le budget, — vérifie les comptes, — fixe l'emploi des cotisations et des fonds dont l'Association peut disposer, — nomme le Bureau et le choisit parmi ses membres, — inflige les amendes.

Le Conseil désigne encore, chaque année, trois personnes qui forment une Commission arbitrale à laquelle tous les membres de l'Association sont tenus de soumettre les différends qui surviendraient entre eux, avant d'en saisir les tribunaux. Ces trois personnes peuvent être prises en dehors de l'Association.

Le Conseil syndical se réunit obligatoirement tous les six mois à la date fixée par le Bureau, et facultativement chaque fois que le Président le juge nécessaire ou que deux membres du Bureau au moins en font la demande.

Art. 16. — En cas de vacances dans le Conseil syndical, elles seront remplies dans le délai de trois mois, par une élection de nouveaux membres faite par le Conseil syndical. Toutefois, si les vacances se produisent dans les six mois précédant l'époque normale des élections générales, les places resteraient vacantes jusqu'aux nouvelles élections.

Art. 17. — La durée des pouvoirs du Conseil syndical est de trois ans. Les membres en sont renouvelables par tiers et toujours rééligibles. Nul ne peut en être membre s'il n'est Français et n'a la jouissance de ses droits civils.

Art. 18. — *Composition d'un Bureau.* — Le Bureau se compose : d'un Président, — de deux Vice-Présidents, — d'un Secrétaire, — d'un Trésorier.

En cas d'absence du Président, la présidence appartient au premier Vice-Président, qui exerce alors tous les droits attachés à cette fonction.

Le Bureau se renouvelle chaque année. Les membres sortants sont indéfiniment rééligibles.

Art. 19. — *Attributions du Bureau.* — Le Bureau se réunit tous les mois, mais le Président peut le convoquer en tout temps. — Il fixe les réunions du Conseil syndical, — assure l'exécution de ses décisions, — organise des réunions dans lesquelles sont traitées les questions qui peuvent intéresser les Agriculteurs, — distribue les fonds votés par le Conseil syndical, — il convoque les membres du Syndicat pour les réunions déterminées, — il veille à ce que les lois de la justice et de la charité soient observées, par les membres du syndicat, dans toutes leurs relations.

Art. 20. — *Attributions spéciales des membres du Bureau.* — Le Président surveille d'une façon permanente les intérêts de l'Association, et préside toutes les réunions. Dans toutes les délibérations sa voix est prépondérante en cas de partage.

Il signe tous les procès-verbaux, actes, arrêtés ou délibérations, et représente le Syndicat dans tous ses rapports officiels.

Il est chargé d'ester en justice au nom du Syndicat.

Les Vice-Présidents suppléent le Président, qui peut leur déléguer tous ses pouvoirs.

Le Secrétaire rédige les procès-verbaux, inscrit les membres, assure le service de la correspondance, conserve les archives.

Le Trésorier centralise toutes les cotisations et toutes les ressources du syndicat, dont il gère le patrimoine sous le contrôle du Bureau et du Conseil syndical.

TITRE IV.

Ressources, boni corporatif, patrimoine corporatif. — Art. 21. — Les ressources du Syndicat se composent :

1° Des versements des sociétaires,

2° Des amendes disciplinaires.

Art. 22. — La dissolution du Syndicat est réservée au Bureau. En cas de dissolution du Syndicat, les fonds seront distribués au prorata des versements faits par les sociétaires.

Art. 23. — Le Syndicat peut ester en justice, acheter, vendre, prêter et emprunter, dans les conditions prévues par la loi du 21 mars 1884.

TITRE V.

Dispositions générales. — Art. 24. — Le présent règlement pourra être modifié s'il y a lieu par le Conseil syndical. Tout projet de modification devra être signé par le Président ou un des Vice-Présidents.

Art. 25. — Le siège social du Syndicat est à Florac.

....

Art. 26. — Conformément aux règles fixées par la loi du 21 mars 1884 sur les syndicats professionnels, les présents statuts signés par les membres du Bureau ont été déposés à la mairie de la commune de Florac (Lozère) en 1885.

Règlement intérieur. — On peut ajouter à ces statuts un règlement intérieur dont voici les principales dispositions, sorte d'articles organiques et complémentaires.

Les associés s'engagent à ne prendre part à aucune réunion, société, entreprise combattant directement ou indirectement la foi catholique.

Ils s'engagent à assister en corps chaque année à leur messe patronale, à la messe pour les défunts le jour suivant, et à la procession de la Fête-Dieu, bannière en tête.

Pratiquement, les associés se divisent en membres fondateurs, titulaires et simples associés. Les premiers veillent aux intérêts moraux et matériels du syndicat ; ils payent 10 francs annuellement ; les titulaires payent 4 francs ; les associés, ouvriers agricoles ou de professions connexes payent 2 francs.

Dans le conseil syndical, les membres fondateurs sont les plus nombreux ; ils présentent les nouveaux membres, dont l'acceptation est soumise au jugement des titulaires pour leurs pairs, des associés pour les leurs. Le premier vice-président est un membre titulaire, le second vice-président peut être un membre associé. En retour et comme garantie des avantages matériels que doit lui procurer son admission dans le syndicat, chacun de ses membres s'astreint :

A respecter les lois de l'Eglise sur l'observation du dimanche, à éviter le blasphème.

En ce qui concerne les pères de famille :

A conserver autant que possible leurs enfants auprès d'eux ;

A ne les placer, en tous cas, que dans des maisons chrétiennes, où leur moralité et leur foi soient sauvegardées.

En ce qui concerne les chefs de culture :

A surveiller la conduite de leurs domestiques, et à leur laisser pleine liberté pour l'accomplissement de leurs devoirs religieux.

Le Syndicat se réserve, en outre, d'ajouter de nouvelles dispositions à celles qui précèdent, toujours à titre de *règlement intérieur*.

Dix années seulement se sont écoulées depuis le jour où le législateur a levé l'interdit, qui pesait sur les associations professionnelles ; et déjà sur tous les points de la France, des syndicats sont organisés. Au nombre de 861, les syndicats agricoles groupent environ 500.000 membres (1). En 1889 une statistique comptait : 819 syndicats d'ouvriers ; 877 syndicats de patrons et 67 syndicats mixtes. Puissions-nous voir bientôt, les chambres composées de députés élus par ces corps pro-

---

(1) Ces syndicats se subdivisent de la manière suivante :

Syndicats	agricoles régionaux	12
—	départementaux	82
—	d'arrondissement	131
—	intercantonaux	15
—	cantonaux	184
—	intercommunaux	14
—	communaux	423

(Statistique, 1er juillet 1892).

Dans les chiffres indiqués par l'annuaire des syndicats, relevons encore ceux qui concernent les institutions particulières aux syndicats agricoles :

L'annuaire constate l'existence de 16 caisses d'assurances contre la mortalité des bestiaux, une contre l'incendie, 2 contre la grêle ; 37 champs d'expérience. Treize syndicats agricoles ont fondé des sociétés ou caisses de secours mutuels ; 33 cours professionnels et conférences ; 24 ont une bibliothèque ; 8, un office de placement ; 11, des sociétés coopératives de consommation et de production.

fessionnels. Ils seraient mieux à même de défendre les divers intérêts de la nation, que les députés choisis par des électeurs étrangers les uns aux autres.

Amenons les divers syndicats à se *fédérer*, puis à se réunir pour délibérer sur les intérêts communs à la classe ouvrière. Quand toutes leurs revendications légitimes seront groupées en faisceau, on pourra les faire valoir devant les pouvoirs publics, avec d'autant plus de chances de succès, qu'elles émaneront non plus d'hommes isolés, mais d'associations vraiment compétentes.

On se demande s'il est préférable d'établir des syndicats *simples* ou des syndicats *mixtes*. Les avis sont partagés. Les partisans des syndicats simples ou séparés, objectent que vu l'état actuel des esprits et l'antagonisme qui règne entre patrons et ouvriers, l'association mixte est un idéal difficile à réaliser. Ils ajoutent que dans les syndicats où les deux éléments sont réunis, la présence des patrons intimide les ouvriers et que ces derniers, ne peuvent défendre librement leurs intérêts légitimes ou exposer leurs desiderata selon leur volonté. Ils demandent que l'entente entre patrons et ouvriers soit établie par l'intermédiaire des délégués de l'un et de l'autre groupe. Les partisans des syndicats mixtes prétendent que c'est le moyen le plus efficace d'obtenir le rapprochement des classes et de favoriser l'étude et la solution des questions en litige, à cause de la culture intellectuelle supérieure, que les patrons apportent dans l'association.

Quelle que soit la forme que nous adoptions, nous devons toujours faire intervenir la religion dans nos groupements professionnels. Nos institutions ne seront fructueuses, qu'en raison de la somme des sentiments moraux et religieux que nous développerons dans leurs membres. Or tel est le rôle de l'Eglise. Ils se font illusion, ceux qui cédant à la prudence humaine, dans l'espoir de recruter un plus grand nombre d'adhérents, pour ne porter ombrage à personne, préfèrent se borner aux avantages matériels des ouvriers ou des populations rurales, qu'ils veulent amener à eux et croient y mieux réussir, en faisant abstraction de leurs intérêts moraux et religieux.

Toute association qui n'a pas pour base les principes catholiques sera de peu de durée, absolument stérile et pleine de dangers. Le fonctionnement actif d'une association exige une grande somme de travail, de dévouement, de zèle, d'abnégation, qui ne peuvent prendre leur source que dans la foi religieuse. Si les corps d'état du moyen âge ont élevé le peuple a une si grande hauteur morale, c'est parce qu'ils étaient animés de ce souffle chrétien, qui seul, rapproche les hommes autant que l'égoïsme les éloigne les uns des autres. Comment procéder pour donner à nos syndicats ce caractère religieux et cet esprit chrétien? Formons notre premier noyau avec des catholiques convaincus, ne craignant pas d'affirmer hautement leur foi par leurs paroles et leurs exemples (1); inscrivons les pratiques religieuses dans un règlement intérieur; organisons des confréries de piété à côté de nos syndicats et faisons en sorte qu'on n'admette comme membres, que ceux qui font déjà partie de l'association religieuse.

Si les groupements corporatifs se forment en dehors de l'Eglise, ils nous réservent les plus cruel-

(1) La loi est muette sur le mode des élections et sur la durée des fonctions des directeurs. Par conséquent, il nous est permis de choisir les premiers administrateurs selon nos désirs et de leur laisser la direction du syndicat durant un temps illimité.

les déceptions, et les luttes les plus violentes pour un prochain avenir. Car si l'association est une force pour le bien, elle peut être aussi une force pour le mal, quand elle n'est pas animée de l'esprit religieux. (1)

CHAPITRE VI.

Œuvres économiques et charitables.

Les avantages des associations religieuses et professionnelles signalés dans le courant de cet ouvrage, montrent avec évidence que leur établissement serait un des moyens les plus assurés de moraliser la classe ouvrière et de résoudre la question sociale. Ces groupements mettent en contact le riche et le pauvre, rapprochent le patron et l'ouvrier, établissent des relations entre le propriétaire et le travailleur et contribuent ainsi à l'union chrétienne seule capable de procurer le bonheur aux diverses classes de la société. Dans ces réunions, les malentendus et les défiances disparaissent, on empêchera les chômages et les grèves et par suite les émeutes et les révolutions. Là réside

---

(1) On peut consulter utilement : *Manuel d'une Corporation chrétienne*, par Léon HARMEL.

Catéchisme du Patron, édité par L. HARMEL (Boulevard St-Germain, 262).

De l'ouvrier et du respect, par l'abbé P. FESCH (Welter, éditeur, 59, rue Bonaparte, Paris).

Manuel des Syndicats professionnels agricoles, par M. BOULLAIRE.

Document sur les syndicats agricoles, Bureau central, 32, rue de Verneuil, Paris.

Les diverses brochures sur les syndicats publiées par la société des Agriculteurs de France, rue d'Athènes, 8, Paris.

La Corporation, journal de l'Œuvre des Cercles catholiques d'ouvriers (262, Boulevard St-Germain, Paris).

Propriétaire chrétien, Rue de Verneuil, Paris.

aussi la force de résistance contre la Franc-maçonnerie et le socialisme (1) qui pénètrent partout, s'emparent de tout, et forment avec leurs adhérents des groupes redoutables. Nous ne cesserons de répéter, que pour combattre victorieusement nos adversaires et obtenir des résultats sérieux, il ne suffit pas que nos œuvres soient purement religieuses. Elles ne doivent pas se borner a être une simple réunion d'hommes, autour d'une bannière, sous le vocable d'un saint, mais il faut qu'elles s'occupent efficacement des intérêts matériels de leurs membres. Aujourd'hui pour calmer les revendications des masses populaires et nous les attacher, il ne suffit pas de leur faire entrevoir le paradis et ses biens célestes, de leur dire que le reste leur viendra par surcroît. Nous devons essayer de leur donner ce surcroît par des *œuvres économiques.*

Notre Seigneur Jésus-Christ, commençait par guérir le corps pour arriver jusques à l'âme. Il cherchait à s'attirer les sympathies de la foule par les bienfaits temporels : (multiplication des pains, changement de l'eau en vin, pêche miraculeuse, guérisons, résurrections des morts etc). Les apôtres marchent sur les traces de leur divin modèle, ils fondent avec les aumônes des premiers chrétiens une caisse commune, dont les fonds servent au soulagement des fidèles nécessiteux. L'Eglise a son tour a rempli le monde d'institutions de bienfaisance. Elle a toujours entouré de ses tendres

(1) Le *socialisme* est tout un système d'économie sociale et philosophique, qui veut réduire tous les instruments du travail en propriété commune nationale et organiser la production collective et la répartition des richesses économiques par l'Etat. Telle est la doctrine de Karl Marx, Lafargue, Jules Guesde, etc. L'application d'un tel système nous conduirait infailliblement à l'esclavage et à la barbarie.

sollicitudes et de ses prévoyantes attentions les pauvres et les faibles. Elle leur a dit : « O vous qui travaillez et qui êtes courbés sous le poids de la souffrance, venez et je vous soulagerai. » C'est ce qui a fait dire que l'Eglise bien que fondée pour le salut des âmes, ne procurerait pas de plus grands avantages dans la sphère même des choses humaines, si elle eût été fondée directement en vue d'assurer la félicité de cette vie.

Ces mêmes moyens, qui ont attaché les classes laborieuses à l'Eglise, peuvent encore les lui conserver ou les lui rendre. Nos adversaires ne l'ignorent pas. Aussi que d'efforts pour détruire son action et paralyser son influence ! « C'est un parti pris, disait naguère un éloquent orateur, chez ceux qui, depuis quinze ans, détiennent le pouvoir, d'écarter du peuple le clergé catholique. On a fini par l'habituer à ne plus aimer, à ne plus croire ceux qui ont mission de l'enseigner et de le défendre. On enferme le prêtre dans sa sacristie, dans la pratique de son ministère le plus étroit, on le met dans l'impossibilité de s'occuper du peuple et l'on se retourne ensuite vers les ouvriers des villes et des champs, en disant : Vous voyez vos prêtres ? A quoi vous servent-ils ? Ils ne font rien pour vous, ils ne font rien qui puisse améliorer votre bien-être matériel. » (1).

La calomnie est grande, mais gardons-nous d'y donner une apparence de réalité. Allons vers le peuple, donnons-lui généreusement notre temps, notre cœur et notre vie. Hâtons-nous ! Ses souffrances, les efforts et les succès de nos adversaires nous imposent des devoirs pressants. Dans un récent congrès tenu à Paris, les socialistes ont pris la résolution d'entreprendre ou plutôt de

(1) M. Albert de Mun. Discours de Landerneau, 22 oct. 1893.

continuer une propagande active jusques dans les campagnes les plus reculées. Leurs efforts se porteront de préférence sur « les points les plus réfractaires aux idées socialistes et républicaines, comme la Bretagne et toute la région de l'Ouest. »

« Nous examinerons les moyens de poursuivre la conquête méthodique des *milieux ruraux*, puisque maintenant nous avons conquis les *milieux industriels*. » (1).

Comme on le voit, le parti ouvrier socialiste ne s'endort pas sur ses lauriers électoraux.

Le Play a dit que l'Angleterre avait conservé sa puissance et sa grandeur, parce que les bons y sont aussi audacieux que les mauvais. Pourquoi dans notre chère France, terre classique de l'héroïsme, n'aurions-nous pas l'audace des meneurs socialistes? La fausse prudence facilite le mal en empêchant le bien.

Non seulement les prêtres, mais les patrons, les chefs d'industrie, les propriétaires, tous ceux qui ont reçu du ciel une supériorité de fortune, d'éducation, de talent, d'influence, d'autorité, doivent être les auxiliaires de l'Eglise et s'employer à cette œuvre sociale (2). Les patrons doivent remplir les devoirs que leur imposent la justice et la charité, au point de vue professionnel et social. Il faut que les riches oisifs renoncent à leur inaction et donnent l'exemple d'une vie occupée, chrétienne et morale. Souvent le grand propriétaire abandonne la campagne pour chercher dans les villes les distractions et les plaisirs. Cet absentéisme entraîne les conséquences les plus fâcheuses. Des sentiments de haine et d'envie s'emparent du cœur de nos paysans, qui ne voient dans ces riches que

---

(1) Jules Guesde, congrès de 1893.

(2) Voir une note sur le *devoir social*, 1re partie, page 23.

des consommateurs inutiles. Pour conquérir leur légitime influence et paralyser l'action des révolutionnaires, les classes aisées doivent renoncer à leurs habitudes de résidence urbaine, vivre au milieu des villageois, être leur protecteur et leur conseiller, organiser des institutions capables de substituer le bien-être à leur gêne et à leur misère.

Si on se refuse à travailler à cette amélioration religieuse, morale et matérielle des masses populaires, celles-ci, découragées par la souffrance, livrées à tous leurs instincts, trompées, entraînées par les meneurs socialistes, qui ne cessent de les imprégner des doctrines égalitaires, vous diront : La nature a répandu libéralement ses biens dans le monde, avec la pensée manifeste d'en faire jouir tous ses enfants. Nous sommes vos égaux. Comme vous, nous avons droit au banquet de la vie. Puisque vous vous obstinez à vous y asseoir en égoïstes, et à nous y refuser une place, nous saurons l'y prendre nous-mêmes. Nous sommes le nombre et nous avons à notre service des armes puissantes et redoutables. — Nous assisterons, alors, à une de ces catastrophes auprès de laquelle les plus terribles n'auront été qu'un jouet d'enfant.

Plusieurs expriment des appréhensions et des craintes. Ils se demandent si, à cette heure, où tant d'excitations malsaines suscitent dans la classe ouvrière des tendances parfois ambitieuses, il est bien opportun d'y donner un nouvel aliment et une plus grande force par les associations professionnelles et économiques ? Ces revendications sont-elles légitimes ? Nous ne voulons point l'examiner. Nous constatons seulement l'existence de ce grand mouvement des classes laborieuses. Il apparaît déjà comme un torrent qui descend des montagnes. Or, un torrent ne se remonte, ni ne s'arrête. La résistance est impossible, toutes les barrières seraient détruites et emportées par les forces irrésistibles du courant. Si nous restons impassibles, nous serons emportés par les flots. Reste la direction... Notre devoir est d'endiguer ce torrent populaire pour l'empêcher de tout envahir, de canaliser ces flots impétueux et leur ouvrir le lit salutaire des doctrines et des associations catholiques, professionnelles et économiques. Nous éviterons ainsi un danger national et nous remplirons un double devoir de justice et d'humanité.

Nous mettons sous les yeux de nos lecteurs une série d'*œuvres économiques et charitables*. A chacun de choisir, en tenant compte du temps, des lieux et des éléments qu'on a sous la main, celles que l'on croira les plus utiles et les mieux appropriées aux personnes dont on veut procurer le bien.

Sociétés de secours mutuels.

BUT ET AVANTAGES. — Les sociétés de secours mutuels ont pour but de procurer à ceux qui en font partie, en échange d'une modique rétribution pécuniaire : des indemnités en cas de maladie, les soins du médecin, les médicaments et, en cas de décès, les frais funéraires. Certaines de ces institutions accordent aussi des secours aux veuves et aux orphelins. Beaucoup (60 % des sociétés approuvées) ont constitué un fonds de retraite pour leurs sociétaires.

Dans une circulaire adressée aux préfets, M. de Rémusat, ministre de l'Intérieur, appréciait de la manière suivante les avantages des associations de secours mutuels : « Ces sociétés réalisent au plus haut degré les conditions d'un bon système de secours. Formé par les économies de ceux-mêmes qui doivent, en cas de besoin, y prendre part, le fonds de la société est une épargne commune où l'associé peut puiser sans rougir, parce qu'il ne perd rien de sa dignité. Il ne peut songer à abuser du secours, parce qu'il sait qu'il ne l'obtiendra que s'il remplit certaines conditions dont il faudra rigoureusement justifier. La seule participation à une association de ce genre est d'ailleurs, de la part du souscripteur, une garantie d'ordre, de prévoyance et d'économie.

« Sous le rapport du bon emploi des sommes, il ne saurait être mieux fait que par ceux que leur condition rapproche de l'individu qu'il s'agit de secourir : ses besoins réels sont mieux compris et la fraude est moins facile.

« L'enquête faite en Angleterre sur les pauvres a constaté que, généralement, l'administration des indigents n'était conduite avec la fermeté désirable que par les personnes qui avaient appartenu à la classe laborieuse. »

Ces nombreux avantages doivent déterminer l'ouvrier à s'enrôler dans ces sociétés de prévoyance ; il aura une plus grande tranquillité d'esprit, en pensant que, lorsque la maladie viendra l'atteindre, il aura du pain et des secours assurés pour lui et sa famille, et que si Dieu l'appelle à lui, la société lui procurera des obsèques convenables.

En Angleterre, les sociétés de secours mutuels se sont développées d'une manière étonnante. Le nombre de leurs membres dépasse 5 millions. Ces sociétés se sont fédérées et leur réseau embrasse tout le territoire. Une fois admis dans la fédération, un ouvrier n'est pour ainsi dire jamais dépaysé. Partout où existe une loge (c'est ainsi que sont désignées les sociétés locales de secours mutuels) il trouve des amis aussi bien au-delà des mers que dans le Royaume-Uni

Formalités légales. — Les sociétés de secours mutuels se divisent en : 1° sociétés *autorisées;* 2° sociétés *approuvées* par les préfets ; 3° sociétés *reconnues* comme établissements d'utilité publique.

Les sociétés *autorisées* sont celles auxquelles un arrêté préfectoral donne le droit de se réunir et d'agir dans la limite de leurs statuts, sans tomber sous le coup des articles 291 et 292 du Code pénal. Ces associations n'ont pas la personnalité civile.

Certains jurisconsultes prétendent que l'autorisation n'est pas nécessaire aux sociétés de secours mutuels pour les mettre a l'abri des articles 291 et 292 du Code pénal. Ils s'appuient sur un arrêté de la Cour de Paris, du 7 décembre 1882.

« Considérant, dit la Cour d'appel, que les dites sociétés ont « fait l'objet d'une loi spéciale, celle du 15 juillet 1850, dont » l'art. 12, dérogeant de la manière la plus formelle à l'article « 291 du Code pénal, attribue aux sociétés de secours mutuels la « *faculté de s'administrer librement, tant qu'elles ne demandent* « *pas à être reconnues comme établissements d'utilité publique,* « et ne permet au gouvernement de les dissoudre que dans le cas « de gestion frauduleuse ou lorsqu'elles s'écartent du but de « leur institution. »

D'après cette décision, on pourrait établir des sociétés de secours mutuels, sans autorisation ni déclaration.

Les sociétés *approuvées* en vertu du décret du 26 mars 1852, jouissent de nombreux et importants avantages : personnalité civile limitée ; droit de prendre des immeubles à bail ; obligation pour les communes de leur fournir gratuitement des locaux de réunion ainsi que les livrets et registres nécessaires à leur administration et à leur comptabilité ; exemption des droits de timbre et d'enregistrement pour les actes intéressant la société, etc.

Enfin, les sociétés *reconnues comme établissements d'utilité publique*, par décret délibéré en assemblée générale du Conseil d'Etat, ont de plus le droit d'acquérir des immeubles à titre gratuit ou onéreux, etc. Ce privilège est rarement accordé.

La demande d'approbation doit être adressée au préfet avec les pièces suivantes : — 1° L'acte notarié contenant les statuts ; — 2° Un état nominatif, certifié par le notaire, des sociétaires qui y ont adhéré ; — 3° Un exemplaire du règlement intérieur *(Art. 2, loi du 1851)*.

Statuts. — Les statuts doivent régler : le but de la société ; les conditions d'admission et l'exclusion ; les droits aux secours et aux frais funéraires et les formes de la perception ; le mode de placement des fonds ; le mode d'administration de la société. Toute modification au règlement doit être approuvée par le Gouvernement.

Le Président est élu par les sociétaires, d'après la forme réglée par les statuts. La durée de ses pouvoirs est fixée à cinq ans *(Lois du 18 juin 1864, 22 décembre 1870)*.

Observations. — Dans la rédaction du règlement, on doit veiller à ce que la note religieuse ne soit pas négligée. On aura soin d'y mentionner qu'aucun secours ne sera accordé pour les funérailles d'un sociétaire, si elles s'accomplissaient en dehors des cérémonies de l'Eglise.

En ce qui concerne la distribution des secours, qu'on veuille bien nous permettre certaines observations. Habituellement, les droits de l'associé sont proportionnels à sa mise pécuniaire et les secours diminuent avec la durée de la maladie. Nous désirerions au contraire que, dans la distribution des fonds, les administrateurs ne s'en tinssent pas à la stricte justice, mais que, cédant à la voix de la charité, ils vinssent en aide aux membres de l'association, selon leurs besoins et ceux de leur famille et qu'en outre l'indemnité augmentât avec la prolongation de la maladie. C'est qu'en effet, au début de la maladie, l'ouvrier peut avoir quelques sous d'épargne et jouir d'un certain crédit. Mais à mesure que le chômage continue et que les dépenses se multiplient, les économies s'épuisent et le crédit diminue ou cesse entièrement. Plus que jamais, le sociétaire a besoin qu'on lui accorde des secours. Afin qu'ils puissent être plus abondants, les classes aisées devraient favoriser ces sociétés par de généreuses cotisations. Nous engageons aussi les membres honoraires à se rendre assidûment aux réunions. Leur présence et leurs conseils pourront exercer une heureuse influence sur la société.

Obligations. — Les sociétés de secours mutuels sont tenues de communiquer leurs livres, registres, procès-verbaux et pièces de toute nature, aux préfets, sous-préfets et maires, et à leurs délégués. Cette communication a lieu sans déplacement, sauf le cas où le déplacement serait ordonné par arrêté du préfet.

Chaque année, les sociétés de secours mutuels adresseront au maire de la commune où est établi le siège de la société et au préfet du département, un relevé de leurs opérations, pendant le cours de l'année précédente, et un état de leur situation au 31 décembre.

Suspension. — Le préfet peut suspendre l'administration de la société en cas de fraude dans la gestion ou d'irrégularité grave dans les registres ou pièces de comptabilité.

Dissolution. — La dissolution volontaire des associations de secours mutuels ne peut être demandée qu'en vertu d'une délibération prise sous la présidence du maire ou de son délégué, à la majorité des trois quarts des membres présents et à la majorité absolue des membres de la société.

Nota. — Pour de plus amples renseignements, voir les lois : 15 juillet 1830, — 14 juin 1851, — 26 mars 1852.

Une loi nouvelle est en préparation.

Caisses de retraites.

Les caisses de retraites sont des institutions de prévoyance destinées à recueillir l'épargne volontaire des ouvriers ou des employés, en vue de leur constituer une pension quand ils seront parvenus à la vieillesse.

On ne saurait trop encourager la création de ces caisses. Bien souvent, les vieillards, abandonnés et privés de ressources, passent leurs derniers jours dans la douleur et la misère. Cette institution leur assure la vie et la sécurité.

En France, la caisse nationale des retraites pour la vieillesse a été créée en 1850. Elle est gérée par la Caisse des dépôts et consignations. Le maximum des rentes susceptibles d'être inscrites sur la même tête est de 1.200 francs. L'entrée en jouissance a lieu, au choix du déposant, à un âge fixé entre 50 et 65 ans. Enfin, les versements peuvent être faits à capital *aliéné* ou à capital *réservé :* dans ce dernier cas, la rente est plus faible et les sommes déposées sont, lors du décès du titulaire, remboursées sans intérêts à ses héritiers ou ayants droit ; par le fait, le capital devient alors une sorte d'assurance sur la vie.

En dehors des versements directs ou *individuels*, la caisse reçoit aussi les versements par *intermédiaires.*

Les patrons qui veulent ménager à leur personnel une pension de retraite, et désirent cependant se soustraire aux difficultés et aux périls de la gestion directe n'ont qu'à faire les versements périodiques à la Caisse nationale.

D'après le tarif de cette caisse, un versement annuel de 20 fr. opéré depuis l'âge de 30 ans jusques à l'âge de 50 ans, vaudrait au déposant une rente viagère de 60 fr. (capital aliéné) et une rente viagère de 40 fr. (capital réservé).

Un versement de 20 fr., effectué depuis l'âge de 30 ans jusques à 60 ans, vaudrait au déposant une pension viagère de 180 fr. (capital aliéné) et 116 (capital réservé).

Un versement de 20 fr., effectué depuis l'âge de 20 ans jusques à l'âge de 50 ans donnerait, à cet âge, une rente viagère de 130 fr. (capital aliéné) et de 90 fr. (capital réservé).

Avec ces données on peut voir ce que produirait un versement quelconque.

Les caisses de retraites peuvent être placées sous le régime *tontinier* ou sur le principe du *patrimoine*. Dans le premier système les cotisations versées par les adhérents, qui meurent avant d'avoir acquis le droit à la retraite, profitent aux membres survivants. Sous le second régime l'épargne est capitalisée au compte de l'adhérent, pour lui être servie sous forme de rente viagère, ou de capital selon son désir, quand il a atteint un âge déterminé, soit aussi à ses héritiers s'il meurt prématurément. Ce dernier régime encourage davantage l'épargne et garantit le sort de la famille après la mort de son chef.

Les grandes compagnies du chemin de fer ont écarté le principe des tontines, dans les mesures qu'elles ont prises pour constituer des pensions de retraite au profit de leurs agents commissionnés. Dans le système mis en pratique par ces sociétés, les retenues faites sur les salaires, retenues variant de 3 à 5 p. 0/0 (sauf la compagnie d'Orléans, qui n'exerce aucune retenue), sont versées soit à la Caisse des retraites de la compagnie, soit à la Caisse nationale des retraites pour la vieillesse : elles restent la propriété de l'agent qui les a subies et, en cas de démission, de congé ou de décès, sont remboursées à l'agent ou à ses ayants-droits.

avec ou sans intérêts. A ces retenues viennent s'ajouter des subventions fournies par les compagnies et variant entre 5 et 10 p. 100 du traitement.

En général, le droit à la pension s'ouvre après vingt-cinq ans de service et cinquante-cinq ans d'âge ; la pension fixée à la moitié du traitement moyen des six dernières années, s'accroit de 1/60 par année au delà de cette double condition d'âge et de durée de services, sans pouvoir dépasser les deux tiers du traitement moyen sur lequel elle est basée. Les agents que des blessures reçues ou des infirmités contractées dans le service mettent en état d'incapacité de travail obtiennent le plus souvent une pension proportionnelle au nombre d'années de service, alors même que la responsabilité de la compagnie ne serait pas engagée. Enfin les pensions sont réversibles par moitié sur la tête de la veuve survivante ou des orphelins mineurs, quand le mari était retraité, avait des droits acquis à la retraite, ou a été victime d'un accident mortel.

Les avantages de ce système, nous feraient désirer qu'il fut adopté par l'Etat pour les caisses des retraites des fonctionnaires. Leur organisation actuelle nous parait défectueuse à certains points de vue.

Sociétés coopératives.

Une société coopérative est une association qui réunit les efforts de tous les intéressés et les fait concourir à l'accroissement du bien ou à l'amélioration du sort de chacun.

Ces sociétés sont régies par la loi du 24 juillet 1867 (1). Cette loi autorise la mise en commun, sous forme d'actions, d'un capital quelconque, dont les revenus reçoivent la destination que l'on désire. Les confréries pourraient user de ce moyen pour s'annexer une institution économique. Les diverses cotisations versées par leurs membres pourraient constituer un fonds social dont la gestion échapperait à toutes les formalités et surtout aux tracasseries de la loi.

Il existe trois sortes d'associations coopératives :

1° Association de production,

2° Association de consommation,

3° Association de crédit.

---

(1) On trouvera un spécimen de statuts parfaitement légaux pour une société coopérative dans le *Guide des fondations de l'œuvre des cercles catholiques* (Boulevard St-Germain. 262).

Sociétés de production.

Une société coopérative de *production* est une réunion d'ouvriers qui mettent en commun leur intelligence, leurs forces, et dirigent par eux-mêmes leur travail de la même façon qu'un patron individuel. Ils se partagent ensuite les bénéfices ou les pertes en part égale ou même proportionnelle, si les sommes engagées ou le travail sont différents.

Cette conception, dit M. Léon Harmel, séduisante à l'imagination, nécessite pour réussir des vertus peu communes. Aussi l'expérience a-t-elle amené les plus lamentables catastrophes; s'il y a quelques exceptions, c'est dans les sociétés coopératives de production où une autorité patronale de fait a été instituée par les sociétaires.

Avantages des sociétés coopératives pour les agriculteurs, et les petits patrons.

Loin d'offrir les inconvénients que réservent aux ouvriers présomptueux la coopérative de production, le groupement des petits *paysans* en société coopérative n'offrirait que de réels avantages. Ce serait un moyen de se procurer dans les meilleures conditions les matières premières et un outillage perfectionné, par conséquent de produire davantage et à meilleur compte.

Il en serait de même dans le *commerce* et les *métiers*. Qu'est-ce qui a fait le succès des vastes établissements de vente et de la grande industrie? Le bon marché et l'honnêteté commerciale. Pourquoi ont-ils pu livrer leurs marchandises à prix réduits? Ayant à leur disposition des capitaux importants, ils ont pu acheter en grande quantité au producteur lui-même et payer au comptant. Le jour où les petits marchands et les petits patrons, par la création d'une société coopérative auront réuni leurs modestes capitaux dans une caisse commune et concentré leurs achats, ils pourront, eux aussi, supprimer les intermédiaires, acheter en gros, payer au comptant, bénéficier des mêmes remises et offrir le bon marché à leurs clients. Ils assureront la probité commerciale et gagneront l'estime et la confiance du public, en ne recevant comme membres de leur société que des hommes honnêtes et en chassant de leurs rangs ceux qui se rendraient coupables d'un acte d'improbité. Ce mode de groupement leur permettra aussi d'organiser des expositions communes en vue de faciliter la vente.

Les *sociétés coopératives* et les *syndicats agricoles* peuvent se prêter aide et appui réciproques.

La loi de 1884, en interdisant aux syndicats de faire des bénéfices, leur enlève le moyen de se prémunir contre les conséquences de pertes possibles. C'est une situation dangereuse en présence de transactions constamment grandissantes. Comment éviter ce péril ? En laissant tous les risques à une société coopérative fonctionnant à côté des syndicats et étant absolument distincte. Cette société fera les achats de toutes les marchandises avec ses propres ressources, à ses risques et périls, puis elle les consignera pour la vente dans les entrepôts des syndicats. Ceux-ci n'auront plus désormais aucun risque commercial à courir, ils se borneront à faciliter à leurs membres l'achat aux meilleures conditions possibles de tous les produits nécessaires à leur profession.

Les sociétés coopératives et les syndicats agricoles se favoriseront mutuellement en traitant directement entre eux. Ainsi, le groupe des producteurs et celui des consommateurs bénéficieront des commissions prélevées par les nombreux agents intermédiaires. Si le syndicat ne peut faire par lui-même le commerce, il réunira les offres des producteurs, comme les sociétés coopératives grouperont les demandes des consommateurs. Les producteurs auront un écoulement prompt et facile, un payement assuré, et les consommateurs des produits à bon marché.

Sociétés de consommation.

L'association de consommation a pour but l'achat aux meilleures conditions de prix et de qualité, des substances, denrées, matières ou objets de consommation, pour les vendre ensuite au comptant, aux actionnaires, aux obligataires et parfois au public.

Les services que peuvent rendre les sociétés de consommation sont bien connus. Tout d'abord, elles assurent l'hygiène de l'alimentation, alors que trop souvent le consommateur reçoit du petit commerce des denrées et des produits falsifiés. En second lieu supprimant la rémunération des *intermédiaires*, achetant en gros au prix de fabrique et vendant au comptant, elles pourcurent une économie notable sur le prix des choses consommées. On augmente ainsi le *salaire* de l'ouvrier. Parmi les éléments dont se compose le salaire familial un des plus importants, c'est la puissance fructificative de la somme reçue. Or si avec un franc, on peut acheter autant qu'avec 1 fr. 35 le salaire est veritablement augmenté d'un tiers sans sacrifices pour le patron.

Par le payement *comptant* l'association coopérative fait encore une œuvre de moralité. Cette méthode fait éviter les dettes, conduit à l'épargne, et donne à l'acheteur pour débattre le prix des marchandises et fixer son choix avec une liberté qu'il n'aurait jamais auprès du négociant dont il serait le débiteur.

Les coopératives ont plusieurs manières de faire participer leurs associés aux remises et aux bénéfices. Tantôt la société ne vend qu'à ses membres et leur cède les marchandises aux prix de revient, les faisant profiter journellement de l'économie réalisée. Tantôt elle vend au prix courant du commerce et peut alors étendre sa clientèle en dehors des participants ; à la fin de l'année les bénéfices sont repartis et une part plus ou moins forte en est distribuée, au prorata des achats, entre tous les acheteurs, qui se trouvent ainsi à la tête d'un petit capital constitué en quelque sorte automatiquement. Quelques sociétés consacrent une part des bénéfices à constituer des caisses de retraite ou d'assurances en cas d'accidents ou de décès, à subventionner des cours professionnels, etc.

On évalue le nombre des sociétés françaises de consommation à plus de 800 et celui de leurs membres à 400.000. Presque partout où elles ont été établies elles ont donné des résultats très appréciables. (1)

L'objection la plus sérieuse que l'on puisse élever contre les coopératives de consommation, c'est que ces sociétés sont la ruine du petit commerce,

Les partisans des coopératives répondent : Notre association, par une sage concurrence, maintient le commerce dans les limites de l'honnêteté, assure la pureté des produits dont l'altération frauduleuse change en poison les aliments les plus nécessaires. Une société coopérative, ajoutent-ils, n'est en somme qu'un vendeur au détail de plus ; pourquoi l'anathématiser quand on souffre la concurrence des hommes les moins recommandables sans se plaindre ? Admis même que les coopératives de consommation soient préjudiciables au petit commerce, ce que l'expérience n'a pas encore prouvé, dans les localités où ces associations ont été

---

(1) A l'usine du Val-des-Bois, on a fondé une société anonyme coopérative dans le but d'établir une boulangerie, un magasin d'habillements, de chaussures, toiles, etc. Le capital est de 20,000 francs, divisés en 200 actions de 100 francs, dont 10,650 francs sont versés. La Société donne à ses actionnaires 6 °/₀ d'intérêts, plus 1/8 du bénéfice, qui a procuré 4,50 °/₀ de dividende, soit 10,50 °/₀ par année.

Les coopérateurs reçoivent 7/8 des bénéfices, qui ont produit en moyenne 5 °/₀ du montant de leurs achats.

Depuis sa fondation, la Société possède une réserve de 7.011 fr. 20, ce qui fait, à quelques francs près, les deux tiers du capital versé.

Les bénéfices réalisés en dix ans se sont élevés à 44,910 fr. 95.

(*Le Val-des-Bois et ses institutions ouvrières*).

fondées, pourquoi s'apitoyer sur le sort de quelques groupes de commerçants qui s'entendent toujours pour maintenir le prix de détail et exploiter la masse laborieuse, dont ils ont déserté le dur labeur? Un père doit-il s'inquiéter davantage de nourrir ses voisins que de donner le nécessaire à ses enfants?

Sans nier la valeur de ces divers motifs, nous pensons que plusieurs peuvent être discutés. Les sociétés coopératives peuvent ne pas compromettre le petit commerce dans les grandes villes, à cause du grand nombre de clients, mais elles nous paraissent désastreuses pour celui des petites localités. Qu'on nous permette de prendre pour exemple la petite ville que nous habitons, Mende. Elle compte environ 7.000 habitants. Nous avons une quinzaine de boulangers, hommes honnêtes, laborieux. Ils ont consacré plusieurs années à l'apprentissage de leur métier, qu'ils exercent, nous sommes heureux de le reconnaître, à la satisfaction générale. La qualité du pain est bonne et le prix modéré. Que l'on organise une coopérative de boulangerie ; assurément les clients quitteront leurs fournisseurs, afin de bénéficier des avantages procurés par l'association coopérative. Voilà donc un certain nombre de patrons sans travail, un groupe de familles condamnées à une existence précaire et obligées de quitter leur domicile pour aller ailleurs gagner leur vie. C'est l'émigration vers les grandes villes avec leurs conséquences déplorables. Ces ouvriers, ces pères de famille, ne sont-ils pas dignes de sympathie? Peut-on dire qu'ils ont abandonné le travail pénible, pour mener une vie commode et vivre en parasites?

A notre humble avis, les sociétés coopératives de consommation peuvent être établies avec avantage dans les grandes villes ou dans les agglomérations ouvrières. Mais dans les petites localités où les détaillants exercent honorablement leur commerce, évitons de placer auprès d'eux une concurrence qui serait leur ruine. Comme aussi s'ils s'obstinaient à maintenir des prix trop élevés ou ne livraient pas des produits de bonne qualité, on pourrait les obliger à être raisonnables par la création d'une société coopérative.

Au moment où nous traçons ces lignes, les Chambres élaborent de nouvelles lois sur les sociétés coopératives.

Sociétés de Crédit.

Les sociétés de crédit sont formées par l'agglomération de capitaux divers, dans le but de constituer un fonds important qui permettra de venir en aide aux sociétaires ou même aux étrangers qui auraient besoin d'avances d'argent.

Ces sociétés peuvent revêtir plusieurs formes. Nous ne parlerons que de deux principales : *les banques populaires* et les *caisses rurales*. Les unes et les autres pourraient être comprises sous la dénomination de banques populaires. Mais comme les premières ont pour but particulier de secourir les petits patrons et les ouvriers des villes, tandis que les caisses rurales sont destinées à protéger les intérêts des agriculteurs. Nous consacrerons à ces deux sociétés de crédit un paragraphe spécial.

Banques populaires.

La banque populaire est une société coopérative de crédit mutuel, qui prête, moyennant un taux modéré, aux petits marchands ou aux ouvriers. Le fonds commun est constitué par les versements des sociétaires et par des capitaux étrangers à l'association. On obtient le concours extérieur en offrant comme garantie (c'est l'idée caractéristique de Schultze-Delitsch) (1), la responsabilité solidaire de tous les adhérents. Ces banques permettent à l'ouvrier de déposer ses épargnes en compte courant.

Voici un exemple qui nous fera bien comprendre comment se forme l'association du crédit. Cent ouvriers se réunissent et versent toutes les semaines un franc chacun. Cette cotisation produit 100 francs par semaine, donnant par an un total de 5.200 fr. Ce capital pourra permettre à l'ouvrier de venir puiser à la caisse commune, moyennant un intérêt convenu, 10, 20, 30 francs, qui lui sont, à un moment donné, nécessaires pour faire face à un engagement, acheter des outils, acquérir des matières premières. Les prêts sont proportionnés au crédit de l'emprunteur et son crédit repose sur sa moralité et son activité, qui sont appréciées par le conseil d'administration.

Caisses rurales.

L'utilité des associations coopératives de crédit agricole n'est plus à démontrer. Le paysan a souvent besoin d'avances d'argent pour se procurer une terre d'exploitation qui lui permettra de travailler pour son compte personnel et d'occuper sa femme et ses enfants; ou bien encore d'utiliser ses jours de chômage s'il est au service de son prochain. Un petit capital lui sera parfois nécessaire pour l'achat : de semences, d'engrais, de bestiaux, pour la culture ou l'élevage, pour parer aux gênes causées par

---

(1) M. Schultze était, en 1849, juge de paix à Delitsch. La première banque populaire est due à son initiative et à son infatigable activité. Il fut d'abord traité d'utopiste, mais ses succès imposèrent bientôt silence à ses critiques malveillants.

une échéance de fermage, une longue maladie, des pertes accidentelles, pour l'acquisition d'outils qui rendront son travail moins pénible et plus productif, etc.

Où le paysan trouvera-t-il ces fonds qui lui seraient si utiles et qu'il pourrait rendre facilement, après la récolte ou la vente des bestiaux ? Chez le riche propriétaire ou le banquier ? Que de refus l'attendent, car l'un et l'autre dédaignent les petites affaires. Si le paysan trouve à emprunter, ce sera dans des conditions ruineuses. Les nombreuses expropriations, dont nous sommes tous les jours les témoins attristés, nous le prouvent avec évidence.

Comment subvenir aux besoins impérieux des populations des campagnes, si dignes de nos sympathies et de notre intérêt, tout en leur épargnant les graves inconvénients que nous venons de signaler? Les *caisses rurales*, appelées aussi, du nom de leur fondateur, banques de Raiffeisen (1), semblent avoir résolu ce problème. Voici, dans ses grandes lignes, le fonctionnement de cette merveilleuse institution.

DÉFINITION ET FORMALITÉS LÉGALES. — La caisse rurale est une société en nom collectif, à capital variable, offrant à ses créanciers un placement certain et rémunérateur, et venant en aide à ses sociétaires par des avances de fonds, à intérêts modérés.

L'Association est régie par le titre III de la loi du 24 juillet 1867. Pour qu'elle ait une existence légale, il suffit d'un acte sous-seing privé, entre trois ou quatre personnes. L'acte, rédigé et signé en autant d'exemplaires que de membres fondateurs, sera enregistré. Un exemplaire sera déposé au greffe de la justice de paix et un autre au tribunal de commerce (s'il n'y a pas de tribunal de commerce dans l'arrondissement, le second dépôt est fait au greffe du tribunal civil). Publication sera donnée de l'acte de société par l'un des journaux désignés pour recevoir les annonces légales.

La société ainsi établie peut admettre ensuite, sans autres formalités un nombre illimité de membres.

MEMBRES DE LA CAISSE RURALE. — En règle générale, seuls les habitants de la commune, inscrits au rôle des contributions, peuvent être admis dans la société : s'ils adhèrent d'ailleurs aux statuts, et s'ils ont été agréés par le conseil administratif. Ce dernier ne doit admettre que des hommes ayant fait preuve d'honnêteté, de travail, d'ordre, d'économie.

Tous les associés sont solidairement responsables à l'égard des prêteurs. Le cercle relativement étroit dans lequel les sociétaires

(1) Raiffeisen était, en 1849, bourgmestre à Flammersfeld (Allemagne).

peuvent être recrutés, facilite le choix. Dans un village, où tous les habitants se connaissent, on peut juger aisément de l'honorabilité et de la solvabilité des personnes.

Quoique les riches propriétaires et les prêtres de la paroisse n'aient pas l'espoir de bénéficier des avantages de l'Association, ils doivent néanmoins considérer comme un devoir d'en faire partie. Ils augmenteront ainsi son crédit, et leurs lumières lui imprimeront une bonne direction.

Conditions exigées de la part de l'emprunteur. — La caisse ne prête qu'aux associés, pour un emploi déterminé et jugé utile par le conseil, qui veillera attentivement à ce que la somme empruntée soit employée à l'usage convenu. Le demandeur devra, en outre, offrir de bonnes garanties : gage, hypothèque. ou caution. Les directeurs sont intéressés à ne pas faire des prêts hasardeux, ils seraient eux-mêmes victimes de leur imprudence, puisque les pertes seraient subies par la caisse, dans laquelle ils ont une part de solidarité.

L'époque du remboursement partiel ou intégral est fixé par le conseil.

Ressources. — Les associés ne font aucun versement. Par quels moyens la caisse peut-elle donc s'alimenter ? Elle emprunte. Les capitalistes donnent volontiers leur argent, car ils ne sont plus en face d'une personne isolée, courant les risques d'incapacité de travail ou de mort, ils savent qu'ils ont devant eux une collectivité d'associés, n'ayant été admis qu'après un examen préalable et tous solidairement responsables.

La caisse payera les intérêts aux prêteurs avec ceux que lui payeront à elle-même les emprunteurs.

Par exemple la caisse rurale emprunte 5.000 fr. au 3,50 0/0.

Elle devra débourser annuellement 175 fr.

Mais, si elle livre la même somme à ses sociétaires au taux de 4 fr. 50 0/0, elle retirera 225 fr. d'intérêt et réalisera un bénéfice annuel de 50 fr.

La différence entre les intérêts sera employée à couvrir les frais d'administration, à réparer les pertes que l'on pourrait subir, ou à constituer un fonds de réserve, qui par la suite du temps et la multiplicité des opérations peut devenir important.

Administration. — La caisse rurale est gouvernée par un double conseil d'administration et de surveillance. Le Directeur représente la société dans tous les actes civils. Toutes les fonctions sont gratuites. Seul le comptable peut recevoir une rétribution. Mais s'il accepte un traitement, il ne peut faire partie du conseil. Il assiste à ses séances, où il n'a qu'une voix consultative.

Il ne faudrait pas croire que la charge de comptable exige des connaissances supérieures. Un homme intelligent, consciencieux, dévoué, ayant quelques heures de libre le dimanche, sachant faire les quatre règles d'arithmétique, peut administrer à la perfection une caisse rurale.

Avantages. — Les bienfaits de cette ingénieuse institution, ont été déjà appréciés par nos lecteurs.

Voilà assurément une œuvre pratique et d'une utilité incontestable. C'est aussi une œuvre morale. Dès lors que, seuls, les hommes d'une conduite irréprochable sont reçus comme sociétaires, on fera des efforts pour être digne de la confiance des directeurs. Ceux dont l'admission aura été ajournée s'appliqueront à changer de conduite, afin d'être plus tard admis dans les rangs. Un curé d'Alsace, qui avait dans sa paroisse une caisse rurale, disait: « La caisse a plus fait que tous mes sermons pour corriger mes paroissiens. »

Le sort des petits cultivateurs a fait la grande préoccupation de Raiffeisen, mais son œuvre présente aussi des avantages pour les personnes de condition aisée, pour les riches eux-mêmes. Ceux-ci, lorsqu'ils font de la campagne leur demeure, chose si fort à souhaiter en France, trouveront à côté d'eux une banque de dépôt recevant leur argent, le faisant valoir, le gardant à leur disposition. Dans certaines circonstances, ils peuvent même faire des emprunts.

Cette institution favorise aussi le rapprochement de la classe dirigeante et de la classe laborieuse. Les services rendus montrent le dévouement d'une part et attirent la reconnaissance de l'autre. Enfin, en favorisant le travail et l'épargne, on rend la vie plus large et plus facile aux habitants des campagnes, et on empêche l'émigration vers les grandes villes.

Nous désirerions que ces quelques lignes encouragent la fondation de ces caisses rurales. Elles fonctionnent depuis longues années en Allemagne, en Russie, en Autriche, en Belgique, en Italie, en Alsace, etc., partout elles sont florissantes et ont rendu aux agriculteurs les services les plus signalés, en leur fournissant les capitaux nécessaires pour leur permettre de subvenir à leurs besoins et de développer les moyens de production.

Quant à ceux qui douteraient de son crédit, nous leur dirons que sur des milliers de caisses rurales établies dans diverses contrées, pas une n'a fait subir une perte d'un centime à ses créanciers, ni à ses associés.

Au moment où le socialisme va faire une propagande active pour attirer nos campagnes, dans ses rangs, paralysons ses efforts, en nous employant à alléger les charges qui les accublent. Nous atteindrons ce but par l'institution dont nous venons de donner les caractères essentiels. L'œuvre sera complète, si nous plaçons à sa base un syndicat agricole catholique.

On trouvera les renseignements les plus complets dans le *Manuel pratique à l'usage des fondateurs et administrateurs des caisses rurales*, par M. Louis Durand, Rue Bayard, 5, Paris.

Voir aussi dans l'association catholique : *Les caisses rurales en Alsace*, par H. Danzas (1892 et 1893).

Ecoles ménagères.

Un des principaux moyens d'augmenter le salaire de l'ouvrier, c'est la science de l'emploi de l'argent. Une ménagère habile saura faire vivre très convenablement sa famille, avec une somme quelquefois de beaucoup inférieure à celle qui fera vivre péniblement le même nombre d'enfants, dont la mère ne connait pas le grand art de la dépense sagement conduite. Trop souvent, les jeunes filles de la classe ouvrière paraissent formées, dans nos écoles, plutôt pour être institutrices que pour être femmes de ménage. C'est pourquoi, il serait sage de partager le temps dans les classes de jeunes filles en y faisant une part convenable à l'*école ménagère*. Celle-ci consiste à apprendre la couture, le raccommodage, le lessivage, le lavage, la cuisine et la bonne tenue du ménage, les notions élémentaires d'hygiène et des soins en cas de maladie. (1)

---

(1) Pour ces diverses notions, voir deux livres très pratiques : *Le chemin du bonheur domestique* et le *Bonheur domestique*.

Voici quelques renseignements empruntés à ces livres :

« Il est important de connaître la valeur nutritive des aliments les plus usuels. L'homme adulte perd chaque jour 20 grammes d'azote et près de 300 de carbone. Cette perte doit être réparée par la nourriture, dont le choix dès lors ne saurait être indifférent. En prenant un kilogramme comme base, voici comment l'azote et le carbone sont répartis dans aliments suivants :

	GRAMMES			GRAMMES	
	AZOTE	CARBne		AZOTE	CARBne
Viande de bœuf.....	30	110	Harengs salés.......	30	230
Lard..............	13	710	Pain de Froment.....	10	280
Graisse...........	•	830	Haricots............	15	220
Beurre............	7	830	Pois, Fèves.........	18	110
Fromage (Hollande)..	15	400	Lentilles...........	13	400
Œufs..............	25	135	Pommes de terre....	3	110
Morue salée........	50	160			

Le Bonheur domestique, conseils aux femmes sur la conduite de leur ménage, page 276 ; Delachaux, à Neuchâtel (Suisse).

Voilà une réforme très importante qui pourrait être faite, partout dans les écoles libres,sans bouleversement et sans frais. Dans quelques années elles auraient les plus heureuses conséquences pour l'aisance des familles ouvrières. Lorsqu'une jeune fille entrerait par le mariage dans une nouvelle famille, elle y apporterait par cette pratique instruction un trésor plus précieux que l'argent. (1)

Ces écoles ménagères fonctionnent d'une manière admirable en Belgique. Afin de les encourager, la Reine a accepté d'en être la présidente d'honneur.

M. Léon Harmel a organisé cette institution dans ses écoles. Il nous disait, dernièrement, que les dimanches les jeunes filles, venaient préparer les repas de la famille sous la surveillance et la direction des religieuses.

Caisse de famille.

Voici son règlement ; mais les articles peuvent varier selon les cas.

1° La caisse de famille est ouverte à tous les associés et assotiées de Notre-Dame du Travail (ou association semblable) qui en font la demande.

2° Elle est administrée par le comité de Notre-Dame du Travail, qui peut déléguer à cet effet une Commission prise dans son sein, et composée de quelques membres. Le Comité ou cette Commission, qui a plein pouvoir pour admettre et rejeter les demandes, se réunit tous les quinze jours et plus souvent, s'il en est besoin.

3° La caisse est alimentée par des membres fondateurs et par des membres participants. Les premiers l'alimentent sans y

---

« Il faut 12 à 15 kilogrammes de pommes de terre pour donner autant d'éléments nutritifs que 1 kilog. de haricots, pois ou lentilles. Rien de plus nourrissant que les légumes à cosses, quand ils sont parfaitement cuits et assaisonnés de graisse.

« Par rapport au prix, la plus forte proportion de matières nutritives se trouve dans le lait et le pain ; puis viennent les poissons et les légumes à cosses, et enfin la viande et les œufs. Si on prend pour comparaison 1 fr. de viande (800 grammes environ), 1 franc de pois, fèves, haricots, lentilles (2 à 2 kilog. 500), donne trois fois autant de matières nutritives ; 1 franc de fromage maigre (2 kilog. 500) en donne 4 fois autant. » — *Le Chemin du bonheur domestique indiqué aux jeunes filles*, pages 86 et 89 ; L. Grandmont, à Liège (Belgique).

(1) Lettre de Léon Harmel à la *Croix de Reims*, 23 octobre 1893.

participer : leur cotisation est laissée à leur générosité, mais n'est pas inférieure à 5 francs.

4° Les membres participants payent 0 fr. 10 par semaine, ou 5 francs par an, s'ils s'acquittent en un seul versement.

5° Les secours dont jouissent les membres participants sont : 1° la visite du médecin gratuite, ou à prix réduit ; 2° les médicaments ou une réduction sur leur prix ; 3° une indemnité pour maladie, entraînant impossibilité de travailler.

Ces secours seront fixés par le Comité selon les ressources de la caisse. On ne donne jamais des secours pour une maladie de moins de cinq jours, ni pour les maladies résultant des rixes où le malade aurait été l'agresseur, ni pour celles dont la cause serait immorale.

Sauf une petite réserve pour les cas imprévus, on distribue les secours de façon à épuiser tous les versements d'une année au 1er avril de l'année suivante.

6° Des visiteurs et des visiteuses seront désignés au commencement de chaque année pour les différents quartiers de la paroisse. Nul secours n'est accordé si la maladie n'a pas été constatée par le médecin et par le visiteur.

7° Le chiffre de l'indemnité de travail est déterminé par le Comité d'après le contenu de la caisse et les besoins du malade, sans qu'il y ait rien de fixe comme dans les Sociétés de secours mutuels.

Quand il y a seulement réduction sur les médicaments, elle peut se faire, si le Comité le juge convenable, à la fin de l'année. Alors on réunit toutes les notes des pharmaciens et chaque note est remboursée au prorata, d'après la somme affectée à ce service, c'est-à-dire qu'on rembourse tant pour cent de ce qui a été payé.

8° Le versement de l'indemnité se fait dans les quinze premiers jours de la maladie et peut se renouveler tous les quinze jours ou tous les mois.

Tout malade est tenu de garder la chambre pendant le temps que durera la maladie, sauf le cas où il obtiendrait l'autorisation écrite de sortir. Cette autorisation devra être envoyée au visiteur avant de sortir. Tout malade rencontré hors de chez lui, sans y être autorisé, ou qui serait vu en état d'ivresse, cesserait de recevoir l'indemnité.

On peut établir partout des caisses de famille, sans autorisation ni déclaration ; elles sont légales, mais n'ont pas la personnalité civile (Voir ci-dessus, p. 146).

Même au fond des campagnes, elles peuvent rendre les plus

grands services. C'est un commencement de résurrection des mille associations qui couvraient la France autrefois.

Secrétariat du peuple.

Le secrétariat du peuple est une œuvre d'aide mutuelle qui a pour but de rechercher les misères et les besoins des ouvriers, quels qu'ils soient, spécialement celles qui sont cachées, et de les soulager. Cette recherche est faite par le délégué de la rue, et c'est avec une carte signée de lui que les ouvriers, même les plus impies, sont admis à bénéficier du secrétariat du peuple. L'expérience a montré qu'un ouvrier peut rendre des services plus intelligents et plus promptement utiles dans le milieu où il vit. C'est d'ailleurs conforme à sa dignité de chrétien d'exercer, à l'égard de ses semblables, une mission de dévouement.

On écrit les lettres des ouvriers, s'ils en ont besoin.

On leur procure des consultations gratuites d'avocat, d'avoué, d'agent d'affaires, de notaire, sur leurs affaires : procès, contraventions, héritages, assistance judiciaire.

On leur assure également des consultations de médecin, soit gratuites chez lui, soit à prix réduit à domicile, avec des réductions considérables sur le prix des médicaments.

On dresse la liste de toutes les œuvres de la ville et on procure tous les renseignements utiles pour y avoir recours : entrée de vieillards aux petites sœurs des pauvres, placement d'orphelins, d'infirmes, d'aveugles, de sourds-muets, dans des maisons spéciales, demandes de pensions, de secours, etc.

Le secrétariat du peuple a trois buts : 1° Rendre des services et ainsi pratiquer la charité ou l'apostolat ; 2° Faire tomber les sentiments d'hostilité contre la religion ; 3° Concilier aux délégués de rue ou de quartier un crédit, une influence dont ils useront pour le bien.

Ne pas confondre le secrétariat du peuple avec le secrétariat des pauvres, qui n'a pas la même influence sociale.

Il faut réunir souvent les délégués de rue. Parfois les dames centralisent le secrétariat entre leurs mains et renvoient aux spécialistes ceux qui ont besoin de consultations.

Bureau de placement.

Le bureau de placement doit être chrétien, ne placer qu'avec la certitude morale de ne pas tromper ceux à qui il rend service.

Placer une personne douteuse dans une bonne maison est une injustice, à moins qu'on ne prévienne consciencieusement cette bonne maison de l'insuffisance des renseignements.

Placer une bonne personne dans une maison douteuse est une injustice plus grave encore.

Ce n'est pas une excuse de dire : Mais c'est pour rendre service, par charité. On n'a pas le droit de faire la charité au détriment de la justice.

L'essentiel est de ne placer qu'avec des renseignements consciencieux et suffisants. C'est un grand art de savoir lire les certificats. Il faut lire entre les lignes, tenir compte de la position de ceux qui les donnent.

Le bureau doit se servir des délégués de rue, tant pour trouver des places que pour fournir des renseignements.

On peut avoir un bureau de placement pour hommes et femmes, ouvriers et domestiques. Alors, il faut soigner les inscriptions, avoir un registre spécial pour chaque catégorie.

Le bureau peut être complètement gratuit : au moins, il est bien désirable qu'il soit une œuvre de charité chrétienne et ne prenne que l'équivalent de ses dépenses.

Fourneau économique.

Le fourneau économique permet :

1° De fournir à un prix modique une nourriture saine et substantielle ;

2° De donner des aliments tout préparés aux classes laborieuses qui n'ont pas le temps suffisant, ou aux pauvres qui manquent du bois nécessaire pour leur préparation ;

3° D'assurer les œuvres et les personnes charitables du bon emploi de leurs aumônes. Elles pourront distribuer des bons, lesquels ne pourront être utilisés qu'au fourneau économique et échangés contre des aliments ;

4° De sauvegarder l'amour-propre des indigents honteux. Le dépôt des bons étant établi en dehors du local du fourneau et livrés contre la somme de... Lorsqu'on se présentera à la distribution, le prochain ignorera si ce bon est dû à la charité ou s'il a été acheté avec des fonds personnels.

Caisse des loyers.

Les ouvriers prient leur patron de garder, à chaque paie, quelques francs, ce qu'ils veulent, pour leur loyer. Quand le terme arrive, on va prendre cet argent chez le patron.

La caisse *des loyers des pauvres* est différente en ce qu'elle ajoute dix ou vingt pour cent à la somme fournie par les pauvres pour leur loyer. Ces œuvres sont pour les femmes comme pour les hommes.

Autres œuvres.

Nous signalons encore : 1° le *dispensaire*, pour soulager les malades ; 2° le *vestiaire*, pour faciliter l'habillement des ouvriers; 3° les achats en commun ; 4° les *bibliothèques* populaires ; 5° l'*Économat*, qui consiste à obtenir des fournisseurs certaines remises sur le prix des achats, et à faciliter le paiement des dettes; puis la *Caisse de chômage*, qui est réservée aux membres des syndicats.

Ajoutons que l'une ou l'autre de ces œuvres est applicable partout, qu'il ne faut pas en entamer plusieurs à la fois, qu'on peut leur donner comme base une confrérie, congrégation ou réunion quelconque, même un simple jeu de boule, et qu'il faut associer largement à leur direction les ouvriers eux-mêmes qui en bénéficieront (1).

Société de Saint-Vincent-de-Paul.

La Société de Saint-Vincent-de-Paul a été fondée à Paris, en 1833, par des jeunes gens chrétiens. De Paris, elle se répandit bientôt dans le reste de la France, du sein de laquelle elle a jeté de nombreuses ramifications en Italie, en Belgique, en Angleterre, en un mot, dans tout l'univers (2). A cette heure, la société compte plus de quatre mille conférences, qui comprennent près de quatre-vingt-trois mille membres (3).

But. — La Conférence de Saint-Vincent-de-Paul a pour but :

1° De maintenir ses membres, par des exemples et des conseils mutuels, dans la pratique d'une vie chrétienne ; 2° De visiter

(1) Consulter l'*Action sociale catholique*, bulletin mensuel publié sous la direction de l'abbé Garnier (abonnement, 2 fr.). — Paris, 5, rue St-Joseph. On trouvera à la même adresse des documents sur les Œuvres.

(2) Lire sur leur institution le magnifique et touchant récit de M. Ozanam, fait à l'une des conférences d'Italie, pendant le voyage que le brillant écrivain fit dans ce pays, peu de temps avant sa mort. Ce discours a été reproduit dans la *Revue catholique* de Louvain, 1853.

(3) Une statistique récente établit que depuis dix huit ans, les catholiques ont distribué aux pauvres 18 millions par les soins de la société de Saint-Vincent de Paul, que les Petites Sœurs des Pauvres ont employé plus de 130 millions à entretenir 20.000 vieillards, que 50 millions ont été consacrés par nos missionnaires à faire pénétrer dans toutes les parties du monde la civilisation chrétienne et le respect de la France ; enfin qu'à Paris, depuis dix ans, les catholiques ont dépensé 28 millions pour assurer l'instruction primaire à 76.000 enfants dont les parents ne veulent pas de l'école sans Dieu.

les pauvres à domicile, de leur porter des secours en nature, de leur donner aussi des consolations religieuses : *Non in solo pane vivit homo, sed in omni verbo quod procedit de ore Dei* ; 3° De travailler à la formation chrétienne et à la préservation des enfants pauvres ; 4° De répandre les livres moraux et religieux ; 5° De prêter un concours efficace à toutes sortes d'autres œuvres charitables.

Organisation. — La Société de Saint-Vincent-de-Paul se compose de différentes sections appelées *conférences*. Ordinairement, chacune de celles-ci prend le nom de la paroisse où elle se trouve. Toutes les conférences sont unies au *Conseil central* de Paris, rue Furstenberg, 6.

Outre les membres actifs, la Société a des membres correspondants et des membres honoraires.

Les membres *actifs* sont ceux qui, ayant été admis dans la Société, s'occupent de ses diverses œuvres. On ne peut être reçu avant l'âge de 16 ans. Dans les commencements, la Société de Saint-Vincent-de-Paul se recrutait exclusivement de jeunes gens ; plus tard, on y reçut des hommes de tout âge. Les femmes ne peuvent concourir à l'œuvre que par souscription ou comme bienfaitrices.

Les membres *correspondants* sont ceux qui, ayant changé de résidence, ne trouvent pas de conférence dans la ville où ils vont s'établir ; il ne quittent pas pour cela la société, mais se mettent en rapport avec les conférences et correspondent avec le secrétaire général.

Les membres *honoraires* sont ceux qui, par leurs offrandes et leurs prières, viennent en aide à la conférence, sans se livrer à ses œuvres.

Esprit de la Société. — Les membres de la conférence doivent s'appliquer à acquérir et pratiquer toutes les vertus ; il en est pourtant quelques-unes qui conviennent davantage à ses membres pour l'accomplissement des fonctions charitables dont ils se chargent ; il faut mettre de ce nombre l'abnégation de soi-même, la prudence chrétienne, un amour efficace du prochain, le zèle du salut des âmes, la mansuétude du cœur et des paroles, et surtout l'esprit de fraternité.

Direction. — La conférence est dirigée par un président, qui est nommé par elle et à vie ; par un ou plusieurs vice-présidents, un secrétaire et un trésorier, qui sont au choix du président et constituent le *bureau* de la conférence.

Séances. — Les réunions des conférences commencent par la récitation de la prière. Un membre fait ensuite une lecture de piété. On traite ensuite toutes les questions qui se rapportent au soulagement des familles visitées, on distribue aux membres présents les bons qu'ils doivent porter aux pauvres. On fait une quête au profit de l'Œuvre. La séance est clôturée par la prière.

La Société de Saint-Vincent-de-Paul a été approuvée et recommandée par les Souverains Pontifes. Presque tous les évêques du monde catholique lui ont donné leur approbation expresse.

Les conférences de Saint-Vincent-de-Paul peuvent être établies dans les plus petites paroisses. Que faut-il pour fonder une réunion semblable? quelques chrétiens de bonne volonté, trois ou quatre au début, quelques pauvres (quelle paroisse en est jamais dépourvue totalement?) et un président qui d'ordinaire sera le curé ou le vicaire. Les ressources pécuniaires peuvent être fort modestes, et d'ailleurs, du jour où l'on a su répandre dans quelques âmes les semences de la charité, l'on peut s'attendre à récolter les plus beaux sacrifices. On objectera que dans l'esprit de la Société de Saint-Vincent-de-Paul, le président doit être un laïque, nous ne le contestons pas. Mais il en est de cette institution comme de toutes les œuvres en général, on doit prendre ce qu'elles ont de pratique et négliger ce qui pourrait être une entrave au bien. Si l'on a sous la main un laïque capable d'occuper utilement la présidence, il faut l'y placer; mais si, dans beaucoup de petites localités, l'on n'en peut rencontrer, ce prétexte ne doit pas empêcher la réunion de charité de naître, le curé ou le vicaire en sera le président de droit. Remarquons-le bien, ici plus qu'ailleurs peut-être, on doit appliquer le vieil adage: *Fit fabricando faber*. Après quelques mois d'exercice, on aura très souvent formé d'excellents laïques capables de guider à l'avenir leurs confrères dans les travaux de la conférence.

La conférence de charité pour la visite des pauvres sera fondée aussi très utilement dans les Œuvres d'hommes et de jeunes gens. C'est un moyen efficace de leur inspirer l'esprit de dévouement, de les habituer à la pratique de la charité et d'assurer leur persévérance (1).

Société de Saint-François-Régis, pour la revalidation des unions illégitimes.

Parmi les œuvres charitables, signalons encore la *Société de Saint-François-Régis*. Cette œuvre, due au zèle infatigable de

(1) On peut se procurer le *Manuel de la Société de Saint-Vincent-de-Paul*, ainsi que tous les autres renseignements désirables, au *Secrétariat général de la Société*, 6, rue Furstenberg, Paris.

M. Gossin, magistrat à Troyes, a été fondée à Paris en 1826. Elle a son siège principal, rue Madame, 13, près la place Saint-Sulpice.

Cette association a pour but de faciliter le mariage civil et religieux des indigents du diocèse de Paris, et la légitimation de leurs enfants naturels. La Société se charge de procurer gratuitement aux futurs époux tous les actes, les jugements, les dispenses nécessaires pour la célébration du mariage civil et religieux.

Des sociétés analogues, unies à celles de Paris, sont établies en un grand nombre de villes de France et de l'étranger. Cette institution a été approuvée par l'Eglise, qui lui a accordé de nombreuses indulgences.

Autres Œuvres de charité pour les enfants et les adolescents.

Orphelinats.

Œuvre de l'Adoption, 9, rue Casimir-Delavigne, Paris. S'adresser au directeur diocésain, pour ce qui concerne l'admission des enfants.

La Société de *Patronage des orphelinats agricoles*, 2, rue Casimir-Périer, Paris.

L'Œuvre de l'abbé Roussel, pour la première communion, rue Lafontaine, 40, Auteuil.

Les Œuvres de dom Bosco. Siège central : Val d'Oco. Turin (Italie). — Oratoire St-Léon, Marseille.

Orphelinats agricoles de garçons, dirigés par les Sœurs de Notre-Dame du Calvaire. A Grèzes, par Laissac (Aveyron) ; — Montpellier et Lucarnis (Hérault) ; — Paris-Batignolles, 90, rue Truffaut.

Orphelinat de garçons, à la Roche-Arnaud, près le Puy (Haute-Loire).

Orphelinat de garçons, à Maurs (Cantal).

L'énumération de ces œuvres serait trop longue. Nous la terminons par les orphelinats de notre diocèse de Mende :

Orphelinat de garçons, aux Choisinets, près Langogne (Lozère), dirigé par les Frères des Écoles chrétiennes.

Orphelinats pour filles : à Mende, sous la direction des Sœurs de la Providence ;

A Marvejols, dirigé par les Sœurs de St-Vincent-de-Paul ;

A Sainte-Croix-Vallée-Française, directrices les Sœurs Franciscaines d'Alais.

Office central des institutions charitables.

Auxiliaire de toutes les œuvres charitables. L'*Office Central* sert de lien entre elles dans le pays entier ; il rapproche les bienfaiteurs et les pauvres qui se cherchent sans se rencontrer ; il renseigne les uns et les autres sur les œuvres spéciales auxquelles ils ont besoin de recourir.

A l'aumône aveugle, il substitue l'assistance raisonnée et informée ;

Au secours accidentel et insuffisant, le remède efficace ;

En fournissant aux pauvres valides des deux sexes, aux ouvriers sans ouvrage ni ressources, un travail temporaire qui les fait vivre ;

En les aidant à se placer ;

En facilitant, par une caisse de rapatriement, le voyage de ceux qui peuvent trouver du travail sur d'autres points du territoire ou à l'étranger ;

En faisant le nécessaire pour ouvrir aux orphelins, aux malades, aux vieillards, aux malheureux de toutes catégories, les portes des œuvres créées pour eux ;

En provoquant la création des œuvres charitables nouvelles dont l'expérience démontre la nécessité et en aidant à leur existence et à leur développement.

L'Office central échange des renseignements et des services avec les œuvres charitables de tous les pays.

Il s'applique à vulgariser les institutions de prévoyance contre la misère.

A l'heure présente la bienfaisance est un livre immense et admirable où chaque œuvre a écrit une page, mais il manque à ce livre une chose : *Une table des matières*. L'Office Central s'efforce de combler cette lacune. A cet effet, il poursuit une enquête permanente sur les institutions charitables, dont il a fait la nomenclature suivante :

1° Enfance et Adolescence.

Premier âge:	*Orphelinats:*
Sociétés maternelles.	Orphelinats agricoles.
Crèches.	Orphelinats industriels.
Asiles.	Ouvroirs.
Maisons spéciales pour les maladies de l'enfance:	*Education professionnelle.*
1° Scrofuleux: 2° Incurables. — 3° Hôpitaux marins.	Ecoles professionnelles.
	Apprentissage.
	Œuvres de préservation. — Patronage. — Cercles. — Etablissements de correction.

2° Age adulte.

Institutions de prévoyance.	*Œuvres de réhabilitation.*
Epargne.	Patronage des libérés.
Retraite.	Refuges.
Habitations économiques. — Caisses de loyers.	*Œuvres diverses de secours aux malades ou infirmes.*
Assistance par le travail.	Hôpitaux.
Institutions d'assistance par le travail.	Hospices.
Placement.	Incurables. — Aveugles. — Sourds-muets.
Rapatriement.	Aliénés.

3° Vieillesse.

Maisons de retraite spéciales.	Asiles de toute nature pour la vieillesse.

Les diverses œuvres devraient faciliter le travail de l'Office Central en lui indiquant : 1° leur adresse ; 2° les caractères de la fondation ; 3° les conditions d'admission (prix, âge, sexe, situation) ; 4° le but de l'Œuvre (genre d'occupation du personnel assisté, carrière à laquelle on prépare le personnel, limite assignée au séjour ; 5° Capacité d'assistance de l'Œuvre (nombre moyen par jour des pauvres assistés, nombre de lits ou des places).

L'Office Central a son bureau, 175, Boulevard St-Germain, Paris.

Assistance publique.

On appelle assistance publique cette partie de l'administration civile qui comprend les secours à donner aux enfants, aux malades, aux pauvres, aux vieillards etc.

Assistance enfantine. — Il y a quatre catégories d'enfants assistés : 1° Les enfants trouvés ou réellement abandonnés par leurs parents. Jusqu'en 1860, cet abandon se faisait par le moyen des tours ; ceux-ci ont été supprimés. On demande leur rétablissement sous prétexte qu'ils éviteraient beaucoup de crimes. L'abandon se fait actuellement dans le bureau de l'administration. Dans certains départements le déposant ne répond aux questions qu'on lui pose que s'il le veut bien. Cette réglementation tend à devenir générale ;

2° Les orphelins pauvres ;

3° Les moralement abandonnés. Cette catégorie ajoutée récemment, comprend les enfants dont les parents existent, mais négligent totalement leur devoir d'éducation. L'administration se charge légalement de leur tutelle ;

4° Enfin les enfants secourus temporairement, dont l'assistance a été définitivement rendue obligatoire pour tous les départements, par l'article 3 de la loi du 5 mai 1869. Ces secours sont accordés aux parents pauvres ou aux filles-mères qui consentent à garder chez eux leurs enfants.

Hospitalisation. — L'institution des hôpitaux est très ancienne. La Révolution les supprima et l'Etat se chargea provisoirement du service. Mais ils furent reconstitués à titre d'établissements publics communaux par la loi du 16 vendémiaire an V, à l'exception de certains hospices d'aveugles ou de sourds-muets qui restèrent nationaux.

Le devoir de l'hospitalisation est un service communal, seulement il n'est pas obligatoire. La loi du 7 août 1851, autorise les hôpitaux existants à admettre les malades ayant leur domicile de secours (1) dans d'autres communes, à condition que celles-ci paient une pension fixée par le préfet.

Le projet de loi sur l'assistance médicale, du 5 juin 1890, rend obligatoires pour les communes les dépenses d'infirmerie et d'hôpital, et les syndicats de communes pourront bâtir les hôpitaux nécessaires.

Secours médicaux à domicile. — La loi du 21 mai 1873, art. 7, autorise les hôpitaux, dont les revenus sont en excédent, à employer ces revenus jusqu'à concurrence d'un tiers en secours à domicile.

---

(1) Le domicile de secours est le lieu où l'homme nécessiteux a droit aux secours publics ; le lieu de la naissance est le lieu naturel du domicile de secours ; le lieu de naissance pour les enfants est le domicile habituel de la mère au moment où ils sont nés. Pour acquérir le domicile de secours dans une autre commune, il faut un séjour d'un an.

Bureaux de bienfaisance. — Ce sont des établissements publics communaux, ayant pour but de distribuer des secours aux indigents.

Voir la loi du 15 juillet 1893, sur l'*assistance médicale gratuite* (*J. officiel* du 18 juillet 1893). Cette loi traite: 1° de l'organisation de l'assistance médicale; 2° du domicile de secours; 3° du bureau et de la liste d'assistance; 4° des secours hospitaliers; 5° des dépenses, voies et moyens; 6° des dispositions générales.

L'Eglise a été écartée de toutes ces institutions charitables.

Le prêtre, qui cependant connaît si bien les besoins des fidèles, n'a plus une place de droit au bureau de bienfaisance.

Jusqu'à la Révolution, l'Eglise avait la direction des hôpitaux. Aujourd'hui la direction et l'administration de ces établissements qu'elle avait fondés ne lui appartiennent plus; et on ne veut pas même lui permettre de soigner les membres de Jésus-Christ dans la personne des pauvres. Si elle est encore admise auprès des malades, c'est à titre de servante, ses saintes filles, les Sœurs de charité ne sont plus que des filles gagées, sous les ordres de médecins et d'administrateurs civils, qui parfois exercent sur elles le contrôle le plus humiliant et souvent le plus vexatoire.

Les enfants placés par l'administration de l'assistance publique de Paris sont confiés généralement à des orphelinats laïques. En province, certains inspecteurs, plus soucieux du bien de ces pauvres enfants, les placent dans des établissements religieux.

Pourquoi a-t-on laïcisé? Pour faire des économies? Mais la ruine est entrée, avec la laïcisation, dans l'Assistance publique (1). Sont-ce les médecins qui ont demandé la laïcisation? Le corps médical s'y est opposé. On a laïcisé parce que les Francs-maçons et les Juifs l'ont demandé.

Ils veulent corrompre le peuple pour mieux le dominer et l'exploiter.

Quels ont été les fruits de la laïcisation?

Les bureaux de bienfaisance ont subi en beaucoup d'endroits les influences politiques, et les dépenses ont été inégalement réparties.

Les désordres de Cempuis, de Porquerolles, de la Fouilleuse, donnent une idée des orphelinats laïques.

Les malades sont-ils mieux soignés dans les hospices, depuis

---

(1) Les vingt Sœurs qui faisaient le service à l'hôpital de la Charité et qui coûtaient 200 fr. chacune, soit 4.000 fr. pour chaque année, ont été remplacées par quarante-quatre infirmières laïques, qui coûtent 66.000 fr. La laïcisation de l'hospice d'Ivry a coûté 300.000 fr. et coûte, en plus, 45.000 fr. chaque année.

que les religieuses ont été remplacées par les infirmières laïques? Non. Il y en a beaucoup plus qui meurent. A la Charité (Hôpital de Paris), du temps des Sœurs, le nombre des décès était de 1 p. 100 malades; depuis les laïques, il est de 5 p. 100 malades. Souvent, on ne soigne bien que ceux qui donnent des pourboires.

Voici ce que disait, en pleine Commission de l'Assistance publique, le Dr Desprez, médecin des hôpitaux : « On a remplacé les Sœurs par des infirmières qui sont le rebut de la Société. Elles sont d'une immoralité révoltante, ivrognesses, aussi paresseuses qu'arrogantes, se moquent publiquement des médecins, leurs chefs de service, et des malades qu'elles ne soignent pas. »

En présence de ces résultats effrayants, les catholiques doivent se lever et s'unir pour enrayer la laïcisation, demander la liberté d'association pour les œuvres charitables, qu'elles puissent recevoir des dons ou des legs, enfin qu'elles soient placées sous la bienfaisante influence de l'Eglise.

Droit des pauvres.

On appelle droit des pauvres, l'impôt que peuvent exiger les bureaux de bienfaisance et les établissements hospitaliers d'une commune, sur tous les spectacles donnés dans son territoire.

Sont soumis au paiement du quart de leur recette brute, les bals publics, les feux d'artifice, les exercices de chevaux, et généralement tous les lieux de réunion ou de fête où l'on est admis en payant. (L. 8 thermidor an V, 16 juillet 1840, art. 9; arr. C. d'Et. 12 févr. 1817). Sont soumis au paiement de 5 0/0 du maximun de leur recette brute, les concerts non quotidiens. (L. 3 août 1879, art 23).

Sont soumis au prélèvement du dixième en sus du prix du billet, tous les autres spectacles : *Théâtres* (7 frimaire an V, 8 thermidor an V). *Panoramas* (arr. 10 thermidor an XI). *Concerts quotidiens* (L. 16 juill. 1840, art. 15), etc.

Le pari mutuel organisé sur les champs de courses en vertu d'une autorisation donnera lieu à un prélèvement fixe en faveur des œuvres locales de bienfaisance. (L. 2 juin 1891, art. 5).

Ce droit des pauvres est une sorte de contribution directe qui frappe le revenu spécial de l'entreprise de spectacles; au reste, il est perçu soit en régie, soit en *ferme*, soit par abonnement, avec l'entrepreneur de spectacles. Le contentieux appartient au Conseil de préfecture.

L'*attribution* des droits perçus entre les divers établissements de la commune est fait par le préfet sur l'avis du sous-préfet.

(Précis de droit administratif par M. Hauriou).

CHAPITRE VIII.

Œuvres d'action générale.

I.

L Union des Associations ouvrières catholiques

L'*Union des associations ouvrières catholiques*, fondée en 1871 par les directeurs d'œuvres réunis au Congrès de Nevers, a pour but d'établir un lien entre les différentes œuvres ouvrières et de grouper dans une ligue d'action et de prière les hommes de foi qui se vouent à la propagation de ces œuvres.

Cette œuvre est appelée *Union des œuvres ouvrières*, parce que les gens de labeur et de métier forment la grande majorité du peuple. Son ambition et son action ne se bornent point aux ouvriers proprement dits, mais embrassent sans exception toutes les classes populaires, depuis le pauvre enfant abandonné, que recueillent les orphelinats, et le petit berger des montagnes, dont on s'occupe de garder la vertu, jusqu'au soldat qu'on protège, soit en temps de paix, soit en temps de guerre.

L'*Union* est représentée à Paris par un *Bureau central*. Outre les *Œuvres unies*, elle comprend des membres agrégés auxquels on demande de s'intéresser au développement de l'*Union*, de dire chaque jour la prière de l'œuvre et de s'associer aux dépenses du *Bureau central* par une cotisation annuelle de 5 francs. Ces agrégés participent aux nombreuses indulgences qui ont été accordées à l'*Union* par les souverains Pontifes.

Le *Bureau central* est la représentation vivante et permanente de l'*Union*. Il délivre des diplômes d'agrégation ; entretient une correspondance suivie avec les membres associés ; publie des documents et divers bulletins pour propager les œuvres ouvrières et prépare le congrès annuel des directeurs et protecteurs de ces œuvres ; il donne aussi son concours à la préparation des assemblées régionales diocésaines, qui ont lieu indépendamment des congrès généraux.

Le *Bureau central* n'a pas été établi pour donner une direction aux *Œuvres unies* ; sa mission est uniquement de rendre service à celles-ci ; de les faire connaître et de subordonner à la *hiérarchie ecclésiastique* le mouvement de restauration sociale qui tend heureusement à se développer dans notre pays, depuis quelques années.

Présidé d'abord par Mgr de Ségur, de sainte mémoire, et ensuite par le vénéré Mgr Gay, évêque d'Anthédon, et par le R. P. Delaporte, le *Bureau central* est toujours resté fidèle à cette mission ; c'est pourquoi il s'efforce surtout de multiplier le nombre des *Bureaux diocésains* et des *Conférences* pour l'étude des œuvres, dans les Grands Séminaires.

Ces *Bureaux diocésains* relèvent directement de l'autorité épiscopale ; présidés par leur évêque ou par un vicaire général, ils s'intéressent à toutes les œuvres du diocèse et s'efforcent d'en augmenter le nombre. Ils sont absolument indépendants du *Bureau central* qui n'est pour eux qu'un centre de renseignements et de conseils.

Les *Conférences dans les Grands Séminaires* ont pour but d'initier les jeunes clercs aux œuvres que Dieu a inspirées à des prêtres dévoués ou à de zélés laïques pour régénérer notre société. Ce sont des réunions d'étude organisées et présidées par les supérieurs ou par les directeurs des séminaires. Elles aussi ne reçoivent aucune direction du *Bureau central* ; et si celui-ci, à l'aide d'un bulletin spécial, entretient avec les *Conférences* de continuelles relations, ce n'est que pour leur adresser de précieux documents.

Près de quatre mille anciens membres de ces *Conférences* sont aujourd'hui entrés dans le saint ministère et reçoivent, par les soins du *Bureau central*, un bulletin rédigé exprès pour eux, afin de réchauffer leur zele et de les tenir au courant du mouvement des œuvres (1).

L'action du *Bureau central* est donc aussi importante que mesurée ; aussi l'œuvre de l'Union a-t-elle reçu à plusieurs reprises la bénédiction des souverains Pontifes Pie IX et Léon XIII.

Le siège du Bureau central est à Paris, rue de Verneuil, 32.

II.

L'Œuvre des cercles catholiques d'ouvriers

Bases et plan général de l'Œuvre. — L'Œuvre des Cercles catholiques d'ouvriers (2) est une association de catholiques français dévoués au rétablissement de la paix sociale ; elle est formée d'associations locales fortement reliées entre elles, et autour de chacune desquelles peuvent se grouper tous les éléments qui composent le corps social.

Dans un discours prononcé, le 19 novembre 1893 à la clôture de l'assemblée régionale de St-Brieuc,

---

(1) *Bulletin de l'Union*, paraissant chaque mois, par livraison de 32 pages. Prix, pour la France, 6 fr. ; pour l'étranger, 7 fr.

(2) Cette œuvre a été fondée en 1871, par MM. le comte Albert de Mun, le Marquis de la Tour du Pin-Chambly et Maurice Maignen. Ce dernier était directeur du Cercle des jeunes ouvriers du Montparnasse (Paris). Les deux premiers étaient officiers dans l'état-major du général de Lamirault, gouverneur de Paris, ils étaient unis par les liens d'une étroite amitié, formée sur les champs de bataille de Metz, et dans les douloureux loisirs d'une longue captivité.

M. le comte Albert de Mun a résumé en quelques mots le but de l'œuvre des Cercles: « Les hommes de ténèbres s'associent pour détruire; associons-nous pour construire.

« L'association! voilà donc l'idée fondamentale, l'association pour construire, c'est à dire pour refaire l'ordre social. Toute l'*Œuvre* est là : l'amour du peuple comme principe, la Croix comme symbole, l'association comme moyen, la réforme chrétienne de l'ordre social comme but! Le reste n'est rien : ce sont des applications, des méthodes, des procédés. L'idée n'est que là. Pour atteindre ce but, l'Œuvre s'attache à ramener la classe élevée à l'exercice de ses devoirs vis-à-vis de la classe populaire. »

Les membres de l'Œuvre sont unis par un lien religieux; ils déclarent se soumettre entièrement à la doctrine et à l'autorité de l'Eglise, et prennent l'engagement de consacrer leur dévouement à l'Œuvre et de rester fidèles à son esprit et à ses règles. Cet engagement est public.

Les associations locales de l'Œuvre sont, en chaque lieu où elle est instituée, une association dans la classe élevée qui porte le nom de *comité* (1), et des associations chrétiennes dans la classe ou-

---

(1) On rencontre assez fréquemment des personnes qui prétendent que les comités sont inutiles. Nous leur ferons observer, avec M. Harmel, que les comités sont un but et non pas un moyen. Ils ont en effet pour but de former des hommes, de développer la volonté, le dévouement et l'apostolat dans les membres qui les composent. Souvent un seul homme ferait mieux le travail qu'il confie à un comité, mais alors, il ne formerait pas d'hommes. Que penseriez-vous d'un maître d'école qui dirait : « Je ne fais pas écrire mes écoliers; quand j'ai quelque chose à écrire je m'en charge moi-même, çà fait mieux. » A la campagne le comité peut être composé du curé et deux ou trois propriétaires les plus influents. Les membres du comité doivent signer l'acte d'adhésion aux principes de l'Œuvre.

vrière, notamment un *cercle*. Chacune de ses associations se recrute et se gouverne elle-même selon les règles de l'Œuvre ; toutefois, elles sont sous le patronage du Comité, qui doit veiller à leurs intérêts généraux et tenir la main à ce que l'esprit de l'Œuvre y soit conservé. L'ensemble de ces associations et de celles qui peuvent s'y rattacher forme un tout, sous le nom de fondation locale de l'Œuvre.

Les intérêts généraux de l'Œuvre, c'est-à-dire son unité, sa propagande et son esprit sont sous la garde d'un Comité formé par ses fondateurs, qui s'appelle le Comité de l'Œuvre.

Esprit de l'Œuvre. — L'esprit de l'Œuvre est un esprit de foi, de dévouement envers les ouvriers et de solidarité entre tous les membres de l'Œuvre en général et plus particulièrement entre les membres de chaque association.

L'esprit de foi commande non seulement le respect de la religion, mais encore l'amour de Notre-Seigneur Jésus-Christ et de son Eglise, et la disposition à les servir en s'employant au salut de ses frères : il donne aussi la ferme confiance que le salut de la société ne peut se trouver que dans cette voie, et que non seulement l'enseignement de l'Eglise, mais la tutelle de ses pasteurs sont indispensables pour que la grâce de Dieu accompagne les efforts entrepris vers ce but.

Le dévouement des membres actifs de l'Œuvre envers les ouvriers doit s'inspirer du sentiment que ceux-ci sont le plus souvent abandonnés aux difficultés morales et matérielles de leur condition, sans bons exemples ni appui de la part des hommes plus favorisés qu'eux par la fortune ou la position, et que cet abandon est avec celui de la religion la cause de l'antagonisme social qui trouble si profondément le pays.

Enfin, le sentiment de la solidarité entre les membres de chaque association particulière et même entre tous les membres de l'Œuvre est une suite naturelle de la conformité de sentiments, et une condition de la puissance de l'Œuvre et de la fécondité de ses efforts.

Règles organiques des associations locales. — Chaque Comité comme chaque Cercle reconnaît en matière religieuse l'autorité d'un aumônier qui y est placé par Mgr l'Evêque diocésain pour être le Directeur spirituel de l'association.

Le Cercle reçoit de plus un délégué du Comité qui l'a fondé, pour y exercer sous le titre de Directeur la présidence du *Conseil intérieur* à qui le Cercle confie son gouvernement.

Le Comité comme le conseil intérieur du cercle partagent entre quelques-uns de leurs membres le travail nécessaire à la vie et au développement des fondations. Le Comité forme ainsi dans son sein une commission exécutive qui porte le nom de *Secrétariat général* de ce Comité, et se divise habituellement en quatre sections consacrées, la première, à la *propagande extérieure;* la deuxième, à la *direction intérieure;* la troisième, à l'*administration*, et la quatrième à l'*enseignement*

Lorsqu'il y a lieu de fonder dans une même ville ou dans un même voisinage plusieurs associations ouvrières, le Comité constitue à cet effet autant de *Conseils de quartier* d'une composition analogue à la sienne.

Chaque Comité local entretient une correspondance périodique avec le Comité de l'Œuvre.

Le *Comité de l'Œuvre* est placé sous la tutelle de l'Eglise par l'intermédiaire d'un cardinal protecteur désigné par le Pape.

Le Comité est assisté de deux conseils consultatifs, l'un d'étude, l'autre de propagande. Le conseil des études recherche, dans un esprit d'obéissance absolue aux enseignements de l'Eglise, les principes qui doivent servir de règle à tous les travaux du Comité ; le conseil de propagande étudie les moyens de développer progressivement l'action de l'Œuvre, au fur et à mesure des besoins.

La commission exécutive du Comité de l'Œuvre est analogue à celle des comités locaux, et porte le nom de *Secrétariat général de l'Œuvre.* Le *Secrétaire général* de l'Œuvre est le chef de cet organe ; il porte en public la parole de l'Œuvre, et préside les assemblées générales annuelles des membres de l'Œuvre. Le secrétariat général est partagé en quatre sections, des commissions consultatives spéciales lui sont annexées pour rechercher les applications des principes de l'Œuvre, dans les diverses conditions de la vie sociale. Les auxiliaires du secrétaire général sont les secrétaires de zône, (1) de province et les secrétaires diocésains.

Il est assisté pour la propagande de l'œuvre et la récolte des ressources utiles à son fonctionnement par une association de dames *patronnesses* organisée de la même manière, afin que chaque fonction du secrétariat général puisse trouver dans les rangs de l'association de dames une aide correspondante.

Le Comité fixe les règles dont il est le gardien par des documents dont le principal est l'*Instruction sur l'Œuvre.* La *Corporation* est l'organe de l'Œuvre des Cercles. Ce journal est hebdoma-

(1) La France est partagée en sept zônes: Paris, Nord, Est, Sud-Est, Sud-Ouest, Centre, Ouest.

daire (1). Certains membres de l'Œuvre publient une revue périodique dite *l'Association catholique* (2). L'usage de ces publications est indispensable pour connaître l'Œuvre et la bien pratiquer.

Formes. — Les formes diverses adoptées par l'Œuvre se ramènent aux suivantes:

Cercle d'ouvriers avec son comité dirigeant et son conseil intérieur;

Patronages;

Usines chrétiennement organisées;

Corporations, confréries et syndicats professionnels;

Congrégations de Sainte-Anne pour les mères de famille ouvrières; d'Enfants de Marie pour les jeunes filles;

Secrétariat du peuple, institutions économiques.

Réunions ouvrières et Cercles chrétiens d'études sociales (3), groupements d'ouvriers pour l'étude

---

(1) Abonnement, 8 fr. par an. Vente au numéro, par paquets de cent: 7 francs.

(2) *L'Association catholique* paraît tous les mois, au prix de 20 fr. par an, à Paris, 262, boulevard Saint-Germain.

Depuis 1891, *l'Association catholique* a cessé d'être l'organe officiel de l'Œuvre.

(3) Sous le nom de *Cercles chrétiens d'études sociales*, les ouvriers se sont réunis pour étudier les grands problèmes qui agitent le monde du travail et en chercher les solutions. Les ouvriers seuls font partie du Cercle. Les patrons ne sont admis qu'à titre de membres consultatifs. Par contre le prêtre est admis régulièrement aux réunions du Cercle, car il apporte avec lui l'enseignement religieux dont les ouvriers veulent se rendre compte et sur lequel ils ont besoin d'interroger souvent le représentant de l'Eglise. La présence du prêtre est, on le comprend, un préservatif contre les abus qui pourraient naître d'une réunion exclusivement populaire.

Cette institution de création toute récente a déjà produit d'heureux résultats dans les villes où elle a été établie. Beaucoup d'ouvriers sont devenus chrétiens et ont même adopté les pratiques de la piété la plus sincère. La plupart comprenant que la des questions sociales, congrès ouvriers (Reims, 1893)

Un nouveau congrès ouvrier se tiendra dans la même ville au mois de mai 1894. — Cette institution et la lecture des bons journaux, spécialement de *La Croix*, sont des moyens excellents de soustraire les masses populaires aux meneurs socialistes.

Lien religieux. — Le lien religieux de l'Œuvre consiste dans les résolutions suivantes (qui n'ont pas force de vœu et n'obligent pas sous peine de péché) :

a) Porter sur la poitrine la médaille de l'Immaculée-Conception ;

b) Dire chaque jour à l'intention de l'Œuvre le « Souvenez-vous » suivi des invocations : « Cœur sacré de Jésus, ayez pitié de nous ! O Marie conçue sans péché, priez pour nous ! saint Michel, priez pour nous ! saint Vincent de Paul, priez pour nous ! saints Patrons du travail, priez pour nous ! »

c) Assister tous les ans, le 19 mars, fête de saint Joseph, à une messe offerte à l'intention de l'Œuvre, à moins d'empêchement majeur, et autant que possible avec tous les confrères de la localité ;

d) Faire une communion annuelle pour le salut des ouvriers nos frères.

L'Œuvre et ses membres sont consacrés au Sacré-Cœur de Jésus.

Indulgences. — L'Œuvre des Cercles a été en-

Religion seule, pouvait résoudre la question sociale, et rendre la paix et bonheur à la classe laborieuse, se sont retirés du camp des socialistes.

Pour les études des cercles chrétiens nous signalons spécialement le *Programme des congrès des Cercles chrétiens ;* chez Dubois-Poplimont, 220, rue de Vesle, Reims.

En ce moment les initiateurs des Congrès ouvriers forment le projet d'avoir une publication mensuelle.

richie de magnifiques et nombreuses indulgences par Pie IX et Léon XIII. On en trouve le tableau complet, 262, boulevard Saint-Germain.

Vues d'ensemble. — Si loin qu'on suppose poussés le nombre et le développement des fondations de l'Œuvre, celle-ci ne saurait suffire à opérer directement la réaction sociale chrétienne nécessaire au salut du pays. Mais elle contribue puissamment à la préparer:

1° En rompant, du haut en bas de l'échelle sociale, avec le respect humain, qui a été une des causes du dépérissement des mœurs chrétiennes;

1° En rétablissant l'exemple de la cordialité des rapports entre maîtres et serviteurs par la pratique en commun de leurs devoirs réciproques, dont l'oubli a été une autre cause du trouble social;

3° En formant, par l'exercice du dévouement et par l'étude et la réflexion, des hommes capables de conquérir de l'influence et de rendre des services publics;

4° En montrant ainsi la possibilité de faire échec dans une certaine mesure à l'action des sociétés secrètes, de la mauvaise presse et des autres agents de décomposition sociale;

5° En faisant prendre position aux catholiques dans la question ouvrière, au lieu de la laisser se débattre et s'exaspérer entre les deux partis de la Révolution: le libéralisme, qui affranchit le capital de tout devoir social, et le socialisme, qui arme le prolétariat de droits anti-sociaux;

6° En frappant ainsi l'opinion publique de l'idée qu'il y a un *ordre social chrétien*, qui doit être basé sur la justice divine autant que sur la charité humaine, et non pas arbitrairement réglé au gré des multitudes et des aventuriers;

7° En préparant de la sorte les esprits sincères à toutes les revendications du droit naturel et du droit traditionnel nécessaire au rétablissement de la sûreté de l'Etat et de la prospérité du pays.

Telle est l'*Œuvre des Cercles catholiques d'ouvriers*, saluée par Pie IX du beau titre « d'armée de Dieu » et déclarée par Léon XIII « digne de toute louange. » Elle a pour drapeau une croix qui porte le Cœur de Jésus entre ses bras, et pour devise : *In hoc signo vinces.*

III.

Association catholique de la Jeunesse française.

BUT. — Créer la solidarité de la Jeunesse catholique en vue de la coopération au rétablissement du règne social de N.-S. Jésus-Christ.

MOYENS. — Réunir les jeunes gens catholiques dès le collège, et ensuite dans des groupements locaux, auxquels on donnera pour base :

1° La piété (généralement les Congrégations de la Ste-Vierge) ;

2° L'étude (et spécialement celle des questions sociales).

3° L'action (c'est-à-dire les œuvres et surtout les œuvres sociales: presse catholique, secrétariat du peuple, conférences populaires, patronages, œuvre des cercles, syndicats, etc.)

Il est très utile d'initier dès le collège la jeunesse à la connaissance et même à la pratique des œuvres. Voici ce que nous lisons à ce sujet dans la vie du R. P. Gautrelet, un des hommes les plus habiles de notre époque dans la direction des jeunes gens.

« Tandis que ce Père était supérieur du collège de Lyon, pour initier les élèves à l'accomplissement de leurs devoirs sociaux, il organisa au collège même un patronage avec tous les services qu'il comporte : classes du soir, réunions du dimanche, exercices de piété, instruction religieuse, divertissements, caisse de secours, etc.

« Les élèves du collège venaient en aide à leurs protégés en procurant des ressources de toutes sortes. Leurs contributions volontaires, les libéralités qu'ils provoquaient de la part de leurs familles, les loteries dont ils se faisaient les agents très zélés, servaient à couvrir les frais considérables de l'œuvre. Les plus grands et les mieux méritants étaient même admis à se mêler aux apprentis, et ainsi se commençait au collège, sur le terrain de la fraternité chrétienne, le rapprochement des classes. Le nombre des habitués du patronage ne tarda pas à dépasser celui des élèves ; dès la seconde année, ils étaient quatre cents.

« Tant qu'il fut à la tête de la maison, le P. Gautrelet se montra le partisan déterminé de cette institution, qui ne laissait pas de donner des soucis et compliquait notablement le fonctionnement du collège. Il se montrait tout épanoui aux fêtes de ses chers petits ouvriers, heureux de trouver l'occasion de dire à leurs parents quelques bonnes vérités. A ses yeux, des œuvres de ce genre devaient avoir la préférence des hommes de zèle et d'action ; il ne dissimulait pas sa pensée à cet égard, et bien des fois il exhorta ceux de ses inférieurs chez qui il reconnaissait des aptitudes pour ce ministère à s'y dévouer exclusivement. »

Ce que le P. Gautrelet avait inauguré au collège de Lyon se pratique aujourd'hui dans plusieurs établissements. Nous ne citerons qu'en passant les collèges: d'Evreux, de Poitiers, de la rue de Madrid et de Vaugirard, des institutions de Pons, de Blois, dont les directeurs font conduire les jeunes gens dans les œuvres, quand ils n'ont pas eux-mêmes cru devoir installer ces œuvres au sein même de leur institution.

CONSTITUTION. — Les éléments de l'association sont les jeunes gens. S'ils sont *isolés*, on les rattache soit à un groupe voisin, soit au Comité central lui-même.

Les *groupes locaux* revêtent la forme qu'ils veulent, pourvu qu'il y ait un lien de piété. C'est l'essentiel. Ils y ajoutent l'étude et l'action. Les uns sont constitués dans les collèges religieux avec le concours des supérieurs (excellents résultats, ne nuit en rien aux études, prépare pour la sortie du collège). Les autres, en dehors de tout autre groupement ou institution, reçoivent l'hospitalité d'un ami, ou ont leurs locaux à eux. Il y a ainsi des cercles. Quand ils ont un certain développement, ils comportent des associations accessoires : conférences de médecins, de charité, etc., qui sont comme des branches greffées sur un tronc. Certains groupes comptent plusieurs centaines de membres, d'autres 5 ou 6 seulement et grandissent après. L'essentiel est de commencer. Il est nécessaire d'avoir dans chaque groupe un aumônier. Chaque groupe s'administre librement et jouit de sa pleine autonomie.

Les groupes d'une même région peuvent constituer un *conseil régional*, composé des délégués de chacun de ces groupes, et chargé de la propagande catholique dans la région, de la diffusion de l'association, de l'organisation des manifestations d'ensemble, etc.

Chaque année a lieu le *conseil fédéral*, composé des délégués de tous les groupes de l'association, et des membres du Comité. C'est le pouvoir législatif; il est souverain. Il fait les statuts, prononce les affiliations de groupes nouveaux, nomme le *comité*, se fait rendre compte de tout par lui et lui imprime sa direction. Les groupes sont représentés par des voix dont usent leurs délégués à raison de 1 voix si le groupe a moins de 50 membres; 2 voix s'il a de 50 à moins de 100 membres; 3 voix s'il a 100 membres ou plus. Un même délégué peut cumuler les voix de plusieurs groupes jusqu'à concurrence de 4 voix.

Le *comité* élu tous les deux ans se compose de 9 membres. C'est le pouvoir exécutif, sous le contrôle du conseil fédéral. Il gouverne l'association par délégation de ce Conseil. Il fonctionne en permanence et tient une séance chaque semaine, plus une séance générale par mois. Son travail se subdivise en 4 sections:

1° *Extérieur :* relations avec la presse, le clergé, les œuvres, les associations étrangères.

2° *Intérieur:* correspondance avec tous les groupes affiliés, répartis en 7 zônes.

3° *Administration :* finances, administration intérieure, etc.

4° *Revue :* études, documents, publie l'organe officiel de l'Association : la *Revue de la Jeunesse catholique* (1) qui contient les documents officiels du Comité, les travaux faits sur divers sujets par les groupes et les membres de l'Association, une chronique du mouvement de la jeunesse catholique et une chronique du mouvement social ; il publie des sources documentaires et bibliographiques, etc.

Le Comité nomme librement des *adjoints* pour aider les titulaires de ces services.

Le Comité se compose de 9 membres : l'Aumônier directeur, le Président, 2 Vice-Présidents, 4 Chefs de section et un Secrétaire.

Indépendamment de ces organes, l'Association tient des *Assemblées générales* ou *régionales*, qui sont de grandes revues, avec pompe, manifestations, discours de personnages, etc, pour unir et propager l'œuvre.

Cette association a produit déjà des résultats inespérés et considérables au point de vue de la mise en commun des efforts locaux de la jeunesse catholique dont elle a formé une union générale. Elle compte à cette heure 94 groupes et environ 5000 membres. Ces divers groupes ont créé un grand mouvement d'idées sociales et catholiques et ont donné une grande impulsion aux diverses œuvres.

Nous avons la douce espérance de voir cette association prospérer, se compléter et s'étendre. Puisse cette jeunesse, dans un quart de siècle, être maîtresse en France, refaire les lois chrétiennement et gouverner le pays pour son salut matériel et moral.

---

(1) Publication mensuelle, abonnement, 10 fr., boulevard Saint-Germain, 262, Paris.

IV.

Ligue catholique et sociale.

Fondée sous la présidence de M. le Comte Albert de Mun.

Le but de la Ligue catholique et sociale est d'organiser les forces des hommes de bien, sur le terrain des Encycliques, pour la lutte contre la franc-maçonnerie et le socialisme, et la revendication de nos libertés et de nos droits méconnus.

Elle fait appel à tous les dévouements, organisant des conférences, faisant des enquêtes, soutenant la presse catholique, fondant des cercles d'études sociales, employant, en un mot, tous les moyens de propagande.

Pour subvenir aux frais nécessités par cette action continuelle, elle a organisé une souscription permanente sous le nom de « *Centime électoral*, » soit 3 fr. 60 par an.

Nous ne saurions trop engager les catholiques à aider de leur argent la Ligue. Généralement ces œuvres de propagande et de défense sociale sont trop négligées. Le cardinal de Lavigerie disait : « Une chose confond de la part des catholiques français, dans le moment actuel. Leur charité pour les œuvres privées est inépuisable. Elle trouve des ressources pour la construction des églises, pour le soulagement des pauvres, pour le développement des associations pieuses. Il n'y a que pour la lutte religieuse, destinée à préserver de la ruine l'Eglise et la société chrétienne, qu'elle semble indifférente. Et cependant, il n'y a point à en douter, dans les temps que nous traversons, c'est cette lutte publique qui importe avant tout. »

La Ligue a fait faire un grand nombre de conférences ou de réunions plus modestes, sortes de causeries dans un grand nombre de départements.

Elle a maintenant des correspondants dans toute la France.

Elle peut espérer de former ainsi le grand parti catholique ou chrétien, analogue aux partis catholiques belge et allemand.

Voici son programme :

Action politique. — En nous plaçant sur le terrain constitutionnel, nous n'entrons dans aucun parti : nous sommes catholiques, et rien de plus : nous prétendons, en cette qualité, d'abord réclamer des droits méconnus et des libertés supprimées ; puis, en même temps, faire rentrer les principes chrétiens dans la législation corrompue par l'athéisme social. Nous sommes prêts à soutenir tous ceux qui nous aideront à le faire, mais nous n'attendons rien, à cet égard, des hommes qui dominent encore la Chambre et le gouvernement. Voilà l'esprit de cette Encyclique du 16 février 1892, à laquelle nous avons obéi.

Action religieuse. — Nous voulons le maintien du concordat et son application loyale, dont le budget des cultes est une des conditions, tant que le Souverain Pontife, seul et suprême juge des besoins de la religion, n'aura pas provoqué et accepté un nouveau régime pour l'Eglise de France.

Nous demandons la revision de la loi scolaire ; nous demandons la revision de la loi militaire sur l'article du service des prêtres et des séminaristes.

Nous demandons l'abrogation de la loi du divorce que les influences juives ont introduite dans nos codes, et qui jette dans l'organisation sacrée de la famille un trouble profond.

Nous demandons le retrait des décrets de dissolution qui frappent certaines congrégations religieuses.

Action sociale. — L'ensemble de nos revendications doit tendre à assurer au peuple la jouissance de ses droits essentiels, méconnus par le régime individualiste. Les membres de la Ligue se proposent d'aller loyalement au-devant des ouvriers des villes, des usines et des campagnes, pour étudier leurs besoins et prendre, en leur nom, l'initiative des réformes profondes que leur condition appelle dans les institutions et dans les lois.

Programme d'action immédiate. — Notre pays a besoin, à l'heure présente, pour son repos, de certaines garanties qu'appellent au fond du cœur, l'immense majorité de ses habitants : l'autorité dans le gouvernement ; la paix religieuse ; l'égalité politique sincèrement pratiquée ; le progrès sagement réglé des réformes qui touchent à la condition des travailleurs, enfin l'honnêteté des mœurs politiques et sociales.

La France demande ardemment l'union de ses enfants sur ce terrain accessible à tous.

Ce programme a été développé dans un discours prononcé par M. de Mun, à Saint-Etienne. Le Saint Père a écrit personnellement une lettre rendue publique à M. de Mun, pour le féliciter du discours et de son entreprise (7 janvier 1893).

Pour établir un lien régulier et périodique entre les adhérents et contribuer à aider les journaux de province, la Ligue publie une *Correspondance hebdomadaire* (abonnement, 5 fr. par an).

S'adresser au siège de la Ligue, 11, r. de Lille, Paris.

V.

Union nationale.

L'Union nationale, organisée par l'infatigable abbé Garnier, a pour but de grouper sur les divers points du pays, tous les honnêtes gens qui veulent contribuer à l'union entre Français, et à la reconstitution de notre patrie.

UNION, JUSTICE et LIBERTÉ, voilà son programme et sa devise.

L'Œuvre a pour organe le « *Peuple Français* », journal quotidien. Abonnement, 18 fr. par an, rue Saint-Joseph, 5, Paris.

CHAPITRE IX.

Œuvres d'apostolat.

Apostolat de la prière.

NOM ET BUT. — Cette Œuvre est une ligue de zèle et de prières en union avec le Sacré Cœur. Elle se nomme l'*Apostolat*, parce qu'elle a pour but de faire de tous les chrétiens de vrais apôtres, en excitant partout l'ardeur pour la gloire divine et le salut des âmes. C'est l'*Apostolat de la prière*, car la prière est le moyen non pas, unique, mais principal, qu'elle met en œuvre, moyen tout-puissant et qui reste à la portée de chacun, lorsque les autres font défaut. Enfin, c'est la *Ligue du Cœur de* Jésus, parce que les associés s'unissent par une consécration quotidienne à ce Cœur divin, source du zèle et modèle parfait de la prière; et c'est même en cette consécration ou offrande de la journée aux intentions du Cœur de Jésus que consiste la première et la seule essentielle des trois pratiques excellentes, en usage parmi les Associés.

Pratique et organisation. — Ces trois pratiques forment dans l'Apostolat comme trois degrés, à chacun desquels répond une série spéciale de riches indulgences, accordées à cette Œuvre par le Saint-Siège.

Le 1er Degré comprend tous les fidèles *inscrits* et munis d'un *Billet d'admission*, qui ajoutent à la prière du matin l'offrande de leurs prières, actions et souffrances de la journée aux intentions du Cœur de Jésus, toujours priant et s'offrant lui-même pour nous dans le sacrifice de l'autel (*Statuts*, art. 4).

Pour cette offrande, aucune formule n'est prescrite.

Le 2e Degré comprend ceux des précédents Associés qui, organisés en *trentaines* (ou doubles quinzaines), ont accepté, en outre, de réciter chaque jour une dizaine du Rosaire pour la conservation du Souverain Pontife et les autres intentions recommandées chaque mois à tous les Associés (Art. 4).

Enfin, le 3e Degré renferme ceux qui, remplissant au moins les conditions du 1er Degré, ont accepté de faire la Communion réparatrice hebdomadaire ou au moins mensuelle, afin de consoler le Cœur de Jésus et de « détourner les fléaux de la divine colère par cette communion perpétuelle et véritablement *réparatrice.* » (Bref du 24 septembre 1882).

L'organisation, quoique demeurant toujours entièrement libre, est très importante au point de vue de la fécondité de l'Œuvre. Elle consiste à distribuer les Associés par *trentaines* (ou doubles quinzaines), division naturelle, puisque, basée sur le nombre des jours du mois, elle répond à une *section* de la *Communion réparatrice* mensuelle (3e Degré de l'Œuvre).

On peut encore s'organiser en sections de 15 ou de 7; mais à la tête de chaque section doit toujours être placé un Zélateur ou une Zélatrice, qui distribue à chacun des Associés un billet mensuel, en accompagnant cette distribution, autant que possible, de quelques paroles de charité et de zèle.

Approbations. — Plusieurs *Brefs* et un *Décret* du Saint-Siège; *Mandements*, *Circulaires* ou du moins *Approbations* explicites de la presque unanimité des évêques de France et du monde entier.

Léon XIII a donné un nouvel encouragement à cette Œuvre, dans son discours de 11 octobre 1893, adressé aux membres délégués de l'Apostolat de la prière.

AVANTAGES. — 1° Nombreuses *indulgences plénières* et *partielles*; — 2° Titre particulier aux *promesses faites par Notre-Seigneur* à la B. Marguerite-Marie, en faveur de ceux qui travaillent à glorifier son divin Cœur ; — 3° Participation spéciale aux *prières*, *pénitences*, *messes*, *communions* de tous les grands Ordres, de plus de 120 Congrégations religieuses, de 36.000 paroisses, communautés, Œuvres catholiques, etc.

Œuvre de la Propagation de la Foi.

Le but de cette Œuvre est de contribuer par la prière et par l'aumône à la propagation de la foi dans tous les pays infidèles. Elle commença à Lyon le 3 mai 1822. D'aucuns prétendent que Mademoiselle Jaricot a été la fondatrice de cette œuvre admirable. D'autres, tout en reconnaissant que Mademoiselle Jaricot a eu la première l'idée du *sou hebdomadaire*, soutiennent qu'un groupe de douze laïcs, animés d'un même amour et d'un même zèle, se réunirent, et, dirigés par un prêtre, tracèrent d'un commun accord le plan de cette association qui devait embrasser tous les peuples et venir en aide à toutes les missions, et fondèrent ainsi l'Œuvre de la Propagation de la Foi.

Recommandée par les papes et par tout l'épiscopat catholique, louée par tous les prêtres et missionnaires, accueillie avec amour par tous les fidèles de la chrétienté, l'Œuvre étend partout sa bienfaisante influence.

Les conditions faciles à observer pour faire partie de l'Œuvre, sont les suivantes:

a) Donner son nom à inscrire sur le registre d'un chef de section;

b) Dire chaque jour un *Notre Père* et un *Je vous salue Marie*, avec l'invocation : *Saint François Xavier, priez pour nous.*

c) Donner un sou par semaine au chef de la section à laquelle on appartient.

Pour que les associés aient connaissance au moins d'une partie du bien auquel ils contribuent, on publie un bulletin qui a pour titre: *Annales de la Propagation de la Foi.* Cette publication donne les nouvelles les plus intéressantes et les plus édifiantes des missions.

De nombreuses indulgences et de précieux privilèges ont été accordés par les Souverains Pontifes aux membres de l'Œuvre et aux prêtres directeurs.

A la tête de l'Œuvre sont deux conseils centraux, composés de prêtres et de laïques : l'un a son siège à Lyon, place Bellecour, 31 ; l'autre à Paris, rue Cassette, 22.

Œuvre de la Sainte-Enfance.

Cette excellente œuvre a été fondée à Paris, en 1843, par Mgr Charles de Forbin-Janson, évêque de Nancy. Elle unit les enfants chrétiens, dès leur âge le plus tendre, au divin Enfant-Jésus, et leur fait faire, en vue de cet auguste Modèle et dans la mesure de leurs forces, le plus grand acte pratique d'amour du prochain. Cet acte consiste pour eux à procurer par leurs prières et leurs aumônes, la grâce du saint baptême aux petits enfants des pays infidèles.

Les Evêques et le Saint-Siège ne cessent de recommander cette œuvre d'apostolat. Le pape Léon XIII l'a solennellement recommandée à tout l'univers catholique. L'œuvre de la Sainte-Enfance a produit les plus heureux résultats. Elle secourt 97 missions. Celles-ci baptisent actuellement en moyenne plus de 400.000 enfants moribonds par an ; elles élèvent aux frais de l'œuvre, dans les pratiques de notre sainte religion, chaque année environ 100.000 enfants retirés du paganisme, rachètent annuellement plusieurs milliers de petits noirs qu'elles arrachent aux horreurs de l'esclavage, entretiennent et forment pour l'avenir un grand nombre de missionnaires.

Depuis le commencement, plus de cinq millions d'enfants païens ont été baptisés et envoyés au ciel, grâce à la Sainte-Enfance.

Quelle Œuvre salutaire et quelles bénédictions en retour, sur les enfants, les familles et les paroisses qui y contribuent !

L'Œuvre repose presque tout entière sur la charité des enfants. Ils en sont les premiers et principaux membres, et ont le privilège d'une part plus grande dans les prières publiques de l'Association et dans les messes qui sont célébrées pour l'Œuvre. Dans ces prières et ces messes, est comprise une intention spéciale pour que Dieu accorde aux jeunes Associés la grâce d'une bonne Première Communion et celle de la persévérance. — Toutefois, l'Œuvre comprend deux classes d'*Associés*. On appartient à la première depuis le baptême jusqu'à l'âge de 12 ans. A la seconde peuvent appartenir, sous le nom d'*Agrégés*, les personnes de tout âge au-delà de 12 ans. Indépendamment du mérite personnel de leurs prières et de leurs aumônes, les Agrégés ont part à toutes les prières et mérites de l'Œuvre, à toutes les indulgences et aux autres faveurs accordées par les Souverains Pontifes et les Evêques.

Les Obligations des Associés sont : 1° un *Ave Maria* à réciter chaque jour aux intentions de l'œuvre en ajoutant : *Vierge Marie, priez pour nous et pour les pauvres petits enfants infidèles* (il suffit d'attacher ses intentions à l'*Ave Maria* de sa prière du matin ou du soir) ; 2° un sou à donner chaque mois. Les parents peuvent remplir ces obligations pour leurs enfants trop jeunes. — Les personnes âgées de plus de 21 ans doivent en outre se faire inscrire dans l'œuvre de la Propagation de la Foi, si déjà elles n'en font partie. Quoique la Sainte-Enfance reçoive avec reconnaissance les offrandes de toute personne, associée ou non, on ne gagnerait pas les indulgences, si cette dernière condition n'était pas remplie.

Le Conseil central de l'œuvre répartit chaque année les aumônes entre les diverses Missions. Les comptes généraux sont publiés dans les Annales, qui donnent tous les deux mois les nouvelles de la Chine et des autres Missions, et les traits les plus touchants du zèle des Associés et des fêtes de l'œuvre.

Les Souverains Pontifes Grégoire XVI, Pie IX et Léon XIII ont enrichi l'œuvre de nombreuses indulgences.

Avis importants. — 1. Toutes les lettres indistinctement doivent être adressées à M. le Directeur général de l'œuvre de la Sainte-Enfance, 140, rue du Bac, à Paris, ou au Directeur diocésain.

2. Toutes les valeurs quelconques doivent être également souscrites payables à l'ordre de M. le Directeur général de l'œuvre de la Sainte-Enfance.

Association de Notre-Dame de Salut.

L'Association de Notre-Dame de Salut, fondée immédiatement après la Commune, fut bénie par N. T. S. Père le Pape, et enrichie de précieuses indulgences par un bref en date du 17 mai 1872. Elle a reçu depuis les plus précieux encouragements de la part de NN. SS. les Évêques ; elle est accueillie aujourd'hui et régulièrement approuvée dans quatre-vingt diocèses de France.

BUT. — L'Association a pour but de travailler au salut de la France *par la prière et la moralisation des ouvriers.*

La prière : 1° Elle demande à ses membres de réciter chaque jour aux intentions de l'Œuvre un *Pater*, avec l'invocation : *Notre-Dame de Salut, priez pour nous.*

2° Elle s'efforce d'obtenir partout des messes et des communions pour le salut de la France, etc.

La moralisation des ouvriers : La grande difficulté pour faire du bien aux ouvriers, c'est de les atteindre. Les Œuvres ouvrières et les hommes d'œuvres y réussissent seuls. L'Association se préoccupe d'aider et de multiplier ces Œuvres ; d'encourager et de soutenir ces hommes.

ORGANISATION. — L'Œuvre est à la fois une *Œuvre générale* et une *Œuvre diocésaine.*

Œuvre générale : Elle est dirigée par un Conseil général, qui a son siège à Paris, rue François Ier, n° 8, par un Directeur et par un Secrétaire général.

Elle a une caisse générale, dans laquelle viennent se verser toutes les autres caisses.

Le Conseil général vote les allocations, mais il ne fait rien sans avoir demandé l'avis du directeur diocésain.

Œuvre diocésaine : Elle dépend de l'Evêque qui veut bien l'accueilir et qui en confie la charge à un ecclésiastique de son choix. Celui-ci est le directeur diocésain de l'Œuvre, il se met en rapport avec le Conseil général, il institue et préside les comités diocésains, il établit, s'il y a lieu, des sous-comités, il est consulté sur toutes les œuvres, et sans son avis rien n'est donné dans le diocèse.

COTISATIONS. — Trois sortes de cotisations sont adoptées par l'Association : la cotisation à 1 sou par mois ou 10 sous par an ; — 2 sous par mois ou 1 franc par an ; — 2 sous par semaine ou 5 francs par an. — En outre, les pauvres et les enfants peuvent faire partie de l'Œuvre moyennant l'humble somme de 1 sou par an.

Ces cotisations sont recueillies par des chefs de dizaine, qui les remettent aux collecteurs ou collectrices. Ceux-ci versent leurs fonds en province entre les mains des directeurs diocésains.

OBLIGATIONS. — Les associés ne contractent aucune obligation de conscience. Seulement, s'ils veulent avoir part aux indulgences et privilèges de l'Œuvre, ils doivent en suivre les règles en versant au moins la plus humble des cotisations et en récitant le *Pater* et l'Invocation.

PATRONS ET FÊTES. — L'Association est placée sous le patronage et le vocable de Notre-Dame de Salut. Elle a aussi pour patron saint Joseph, le modèle des ouvriers et le patron de l'Église universelle.

Ses fêtes sont : 1° la fête de l'Immaculée-Conception, 8 décembre ; 2° la fête de saint Joseph, 19 mars.

Le lendemain de chacune de ces fêtes, une messe est dite pour les Associés défunts.

Une messe solennelle, aux intentions de l'Œuvre et pour le salut de la France, est dite : à Paris, tous les premiers vendredis du mois, à huit heures précises, à la chapelle de l'Assomption, rue François Ier, n° 8.

INDULGENCES. — *Indulgence plénière :* Le jour de l'agrégation ; — à l'article de la mort ; — aux fêtes patronales de l'Œuvre : l'Immaculée-Conception, 8 décembre ; la Nativité de la sainte Vierge, 8 septembre ; la fête de saint Joseph, 19 mars ; — quatre fois l'an au jour choisi par les Associés.

Indulgence de 300 jours ; à chaque réunion.

Indulgence de 100 jours : pour tout acte en faveur de l'œuvre.

Œuvre des campagnes.

L'œuvre des campagnes a été fondée en février 1857, par le R. P. Vandel.

Cette œuvre a pour but de ranimer et de maintenir la foi et la pratique chrétienne, dans nos chères populations rurales, si exposées, par suite du malheur des temps, à tomber dans l'indifférence ou même dans l'irréligion. Dans cette pensée l'œuvre vient en aide aux paroisses des campagnes en tout ce qui tend à la conservation de la foi et des bonnes mœurs, comme missions, écoles, bibliothèques, patronages, associations chrétiennes, etc.

Depuis sa fondation, l'œuvre des Campagnes a donné des secours pour : 8.500 missions, — 2.126 bibliothèques, — 3.396 écoles, — 825 patronages, — 700 œuvres diverses. Dépenses générales : *un million six cent trente-sept mille cent quatre-vingt-quinze francs.*

Aussi cette œuvre a-t-elle reçu les plus précieux encouragements du Saint-Siège apostolique, qui a daigné accorder à ses associés de nombreuses faveurs. NN. SS. les Evêques l'ont canoniquement établie dans la plupart des diocèses de France.

Cette œuvre a cela de particulier qui la distingue d'œuvres similaires et en particulier de l'œuvre de Saint-François de Sales, c'est qu'elle ne s'adresse qu'aux paroisses des campagnes et qu'elle fournit indistinctement des secours, même aux paroisses où l'œuvre ne peut être établie.

L'œuvre est administrée par un conseil général dont le siège est à Paris, et par des conseils diocésains dont les directeurs sont nommés par NN. SS. les Evêques.

Pour être associé à l'œuvre et avoir droit à tous les mérites et privilèges de l'œuvre, il suffit de donner un franc par an. Les

Zélatrices se chargent de recueillir annuellement la cotisation de 12 associés, c'est-à-dire 12 fr.

Toutes les demandes de secours doivent être :

1° Signées par MM. les curés ;

2° Apostillées par le Directeur diocésain ;

3° Envoyées à Mme de la Roquette, secrétaire générale de l'œuvre, 33, rue de l'Université, à Paris, ou au R. P. Directeur de l'œuvre, rue de Sèvres, 35, Paris.

Œuvre de Saint-François de Sales.

BUT. — Cette œuvre a pour but la *conservation* et la *défense* de la foi menacée et vivement attaquée par l'impiété et le protestantisme. C'est une œuvre de défense et de préservation.

Elle est née en 1856, d'un vœu exprimé par le Souverain pontife Pie IX. Voyant se liguer contre l'Église les sociétés secrètes, les francs-maçons, les sectes protestantes et les révolutionnaires de toute espèce, le Pape manifesta le désir de voir s'organiser sans retard une grande association catholique, destinée à faire au dedans ce que font au dehors les deux grandes œuvres de la *Propagation de la Foi* et de la *Sainte-Enfance*. « Je voudrais », dit le Saint-Père, « une sorte de propagation de la Foi à l'intérieur ». Ce désir du Pape se réalisa par l'œuvre de Saint-François de Sales, d'abord à Nemours (Seine-et-Marne), puis, dès 1857, à Paris, où sous l'impulsion ardente de Mgr de Ségur, son président, elle prit rapidement la plus grande extension.

Ses moyens d'action sont :

De développer, de soutenir ou de fonder des écoles catholiques, des patronages, des ouvroirs, des asiles ;

De répandre gratuitement de bons livres ;

De procurer aux campagnes et aux paroisses travaillées par l'impiété ou l'hérésie, des retraites et des prédications extraordinaires ;

Enfin d'entretenir, de soutenir ou de fonder des chapelles dans les pays où la foi est menacée, et où la pauvreté des églises ferait craindre la cessation du culte divin.

ORGANISATION. — Cette œuvre est dirigée par un conseil central résidant à Paris. Dans chaque diocèse un directeur diocésain désigné par l'Évêque est à la tête de l'œuvre. Les Associés doivent verser un sou par mois.

Dans les diocèses où l'œuvre est établie, tous les renseignements et toutes les demandes de secours doivent être adressées au directeur diocésain. Celui-ci les examine et les transmet au conseil central. Il est bon de formuler sa demande sur une feuille préparée à cet effet. On peut se la procurer chez le directeur diocésain ou paroissial de l'œuvre.

Les Associés diront chaque jour, un *Ave Maria*, avec l'invocation : Saint François de Sales, *priez pour nous*.

Les bureaux de l'Association sont établis passage de la Visitation, 11 *bis*, à Paris.

L'œuvre publie un bulletin mensuel (abonnement 3 fr.).

Pour de plus longs renseignements, consulter la brochure de Mgr de SEGUR : *l'Œuvre de Saint-François de Sales*.

Œuvre des Ecoles d'Orient et de N. D. d'Afrique.

C'est vers 1855, sous l'impulsion du P. Gagarin, prince russe devenu membre de la Compagnie de Jésus, que cette association a été fondée. En 1856, M. l'abbé Lavigerie, alors professeur à la Sorbonne, fut chargé de sa direction.

Cette œuvre a pour but de maintenir la foi, en Orient, par les institutions nécessaires au jeune âge, et aussi par la formation d'un bon clergé dans les différents rites orientaux.

Cette association servant à maintenir l'influence séculaire et si bienfaisante de la France en Orient est pour des cœurs français une œuvre patriotique en même temps que religieuse. Et nous préférerions voir les catholiques favoriser de leurs dons une œuvre si foncièrement religieuse, plutôt que des œuvres qui, comme l'*Alliance française*, se placent exclusivement sur le terrain de la neutralité.

L'Œuvre des Ecoles d'Orient a été approuvée plusieurs fois solennellement par les Souverains Pontifes.

La souscription est de 1 fr. par an.

Les Associés sont invités à réciter chaque jour un *Ave Maria*, et l'invocation : St Jean Chrysostôme, priez pour nous !

Direction de l'œuvre. Paris, 12, rue du Regard.

Ce même Bureau est le centre de l'ŒUVRE DE N.-D. D'AFRIQUE.

Cette œuvre fondée sous le patronage de Saint Augustin et de sainte Monique et dirigée par les missionnaires d'Afrique, a bour but l'évangélisation de l'Afrique.

Association du repos du dimanche.

L'Association a pour but de propager, par l'exemple et la persuasion, l'observation du repos des dimanches et fêtes.

Les membres de l'Association prennent l'engagement de ne pas travailler ou faire travailler, vendre ou acheter le dimanche, sauf les exceptions autorisées conformément à la loi religieuse, et de faire tout ce qui dépend d'eux pour que les autres observent ce repos.

Cet engagement résulte de l'inscription sur les listes de l'Association.

Partout où l'Œuvre s'établit, un Comité local est institué.

Ce Comité provoque et recueille les adhésions et s'efforce d'assurer l'observation du repos des dimanches et fêtes.

Là où l'œuvre n'est point établie, ceux qui veulent en faire partie se font inscrire sur la liste du Comité le plus voisin ou sur celle de Paris.

Les Comités sont unis par un Conseil central dont le siège est à Paris, rue de Grenelle, 35.

Le Conseil central correspond avec les Comités et prend les mesures qu'il juge avantageuses au développement de l'Œuvre.

Il est publié par ses soins un bulletin mensuel, dont le prix d'abonnement est fixé à un franc par an.

Afin de participer aux faveurs spirituelles accordées à l'Association par le Souverain Pontife, suivant son bref du 21 décembre 1854, chaque Comité doit être agrégé au Conseil central. Pour obtenir cette agrégation, il lui fait connaître sa constitution, le nom des membres de son bureau, le nombre de ses associés.

Les deux fêtes particulières de l'Œuvre sont la Fête-Dieu et la fête de l'Immaculée Conception de la très sainte Vierge.

— On trouvera le catalogue complet des indulgences accordées par les souverains Pontifes aux diverses œuvres dont nous venons de donner les notions générales, dans le *Traité des Indulgences* par le R. P. BÉRINGER s. j. chez Lethielleux, Paris. Cet ouvrage est le plus complet et plus méthodique que nous connaissions sur cette matière.

NOTA. — Comme la science des œuvres est avant tout une science d'actualité, les hommes qui se consacreront à cet apostolat feront bien de lire, outre les documents que nous avons indiqués, les grands journaux catholiques comme l'*Univers* et le *Monde*. Ils y trouveront des articles remarquables de doctrine, des comptes-rendus détaillés des congrès catholiques et des monographies d'œuvres diverses, qui pourront les intéresser et les éclairer.

A. M. P. I.

TABLE DES MATIÈRES

PREMIÈRE PARTIE

Des Associations chrétiennes en général.

DEUXIÈME PARTIE

Cœur Sacré de Jésus, protégez la sainte Eglise contre ses ennemis, ayez pitié de la France et faites que nous vous aimions chaque jour davantage.

Mende, impr. C. Pauc, rue d'Aiguespásses.

2.000 exemplaires

Du même Auteur :

NOTICE SUR LA CONFRÉRIE DES PÉNITENTS

DE MENDE

ÉTABLIE EN 1626

ENCORE VIVANTE AUJOURD'HUI

Prix : 0,50 centimes. — Franco : 0,60 centimes.

EN VENTE :

Chez l'AUTEUR, *près la Banque de France*, et chez M. MAGNE, libraire-relieur, *rue du Musée*, à MENDE.

www.ingramcontent.com/pod-product-compliance
Ingram Content Group UK Ltd.
Pitfield, Milton Keynes, MK11 3LW, UK
UKHW022047190726
13855UKWH00002B/431